AF219693

Das (bald) zurückgewonnene Paradies

[Originaltitel: Paradise (to be) regained]

Kommentierte Ausgabe, neu übersetzt

Autor: Henry David Thoreau,
mit Zitaten von John Adolphus Etzler.

Übersetzung / Fußnoten und weitere Texte:
Christina Schieferdecker.

Bibliografische Information der Deutschen Nationalbibliothek:
Die Deutsche Nationalbibliothek verzeichnet diese Publikation in der Deutschen Natio-
nalbibliografie; detaillierte bibliografische Daten sind im Internet über
www.dnb.de abrufbar.

Ausgabe Juli 2021

Herstellung und Verlag:
BoD – Books on Demand, Norderstedt

ISBN: 9783754326411

Inhaltsverzeichnis

VORWORT

(Christina Schieferdecker)

"Wir gestehen, dass wir aus der Lektüre dieses Buches mit erweiterten Ideen und größeren Vorstellungen von unseren Pflichten in dieser Welt hervorgegangen sind. Es hat uns ein wenig erweitert. Es ist es wert, beachtet zu werden, wenn auch nur, weil es große Fragen aufwirft." (Henry David Thoreau)

Paradise (to be) regained ist mehr als eine Buchbesprechung, es ist Henry David Thoreaus Auseinandersetzung mit John Adolphus Etzlers technischen und sozialistischen Zukunftsideen. Diese Ideen waren zur Zeit Thoreaus sehr populär und beschäftigten viele Menschen in seinem Bekanntenkreis. Doch sind sie durchführbar? Könnte so unsere Zukunft aussehen? Finden wir durch sie das wahre Glück?

Etzler träumt von einer Welt, in welcher die nötige Energie nur durch Wasser, Wind und Sonne erzeugt wird. Er beschreibt, wie dies gehen könnte und wie man Energie auf natürliche Weise speichern kann - und wir entdecken, wie viele von Etzlers Ideen wir dabei sind umzusetzen.

Sowohl Etzlers Werk als auch Thoreaus Gedanken erstaunen: Wir finden darin viele Vorstellungen, die heute verwirklicht wurden - und Träume, die wir heute noch träumen, wie die Besiedelung des Weltraums, geäußert von Henry David Thoreau.

Etzler möchte ein Welt, in welcher der Energiebedarf der Menschen allein durch Wasser-, Wind- und Sonnenenergie gedeckt wird. Eine Vision, die wir auch heute noch haben - und somit ist dieses Werk und Thoreaus Auseinandersetzung mit ihm so aktuell wie nie zuvor. Es fasziniert, dass jemand vor fast 200 Jahren ein Buch schrieb über eine Energieerzeugung, zu der wir auch heute noch hin wollen. Die Ideen von sauberer Energie sind älter, als ich vermutete.

Der Transzendentalist Thoreau zeigt sich beeindruckt von Etzlers Werk und gesteht, dass es ihn beeinflusst hat. Und das ist nachvollziehbar: Man kann sich noch so sehr dagegen wehren, die Ideen als altmodisch oder nicht-durchführbar abtun, sie bleiben einem im Kopf.

Doch während Etzler daran glaubt, dass man die Umwelt verändern muss, um eine bessere Gesellschaft zu errichten, ist Henry David Thoreau davon überzeugt, dass man das wahre Glück nur in sich selbst finden kann.

"Ein guter Mensch braucht sich nicht die Mühe zu machen, um einer Aussicht willen einen Hügel zu ebnen, oder um eines Paradieses willen

Früchte und Blumen zu züchten und schwimmende Inseln zu errichten. Er genießt bessere Aussichten, als hinter jedem Hügel liegen. [...]

Die Liebe ist der Wind, die Flut, die Wellen, der Sonnenschein. Ihre Kraft ist unermesslich; [...] sie kann den Erdball bewegen, ohne einen Ruheplatz zu haben; [...] sie kann ein Paradies im Innern schaffen, das auf ein Paradies im Äußeren verzichtet. [...] Sollen wir dann nicht unseren Teil zu diesem Unternehmen beitragen?"

Die Wege zum Innern und zur Liebe suchen wir meist noch heute, doch Etzlers Ideen haben wir zum größten Teil bereits verwirklicht: Wir haben Wolkenkratzer aus Glas, Wasserspeicherkraftwerke, riesige Passagierschiffe, LKWs, Aufzüge, Windkraftwerke und vieles mehr, was Etzler in seinem Werk beschreibt. Wir sind der Welt Etzlers näher, als der Henry David Thoreaus. Doch wollen wir dahin?

Ich glaube, wir haben zu viel Etzler und zu wenig Thoreau. Wir glauben nicht mehr wirklich an die Macht der Liebe, oder dass wir die wahren Schätze oder das wahre Glück in uns finden. Wenn ich mich umschaue, so sehe ich eine Welt der Depression - oder bin ich zu pessimistisch?

"Das bringt doch nichts!"

"Man kann eh nichts ändern!"

Das höre ich häufig, wenn ich Menschen versuche zu aktivieren und aufzumuntern, sich für ihre Interessen einzusetzen.

Etzler hat geträumt - und alle seine Maschinen funktionierten nicht. Sein Paradies war eine einzige Katastrophe, als man es ausprobieren wollte. Doch die meisten seiner technischen Träume sind Wirklichkeit geworden.

Man kann etwas verändern, sagt dieses Buch. Doch um wirklich etwas zu ändern, müssen wir an uns glauben und Vertrauen haben. Wir leben dieses Leben zum ersten Mal, wir können nicht auf Erfahrungen zurückgreifen - doch haben wir uns.

Christina Schieferdecker

ZUR VERÖFFENTLICHUNG

(Christina Schieferdecker)

"*Das Paradies (wird) zurückgewonnen*" ist ein Essay, der zum ersten Mal im November 1843 in der *United States Magazine and Democratic Review* veröffentlicht wurde. Die Buchveröffentlichung erfolgte nach dem Tode Henry David Thoreaus 1866 in *A Yankee in Canada with Anti-Slavery and Reform Papers* (Thoreau u. a. 1866) mit kleineren Überarbeitungen. Der vorliegende Text entstammt letzterer Veröffentlichung.

Zur Veröffentlichung

DAS (BALD) ZURÜCKGEWONNENE PARADIES

[Originaltitel: Paradise (To Be) Regained[1]]

(Autor: Henry David Thoreau, Übersetzung und Fußnoten: Christina Schieferdecker)

"Ein gerechteres Paradies wird nun gegründet
Für Adam und seine auserwählten Söhne,
welche du, Ein Retter,
herabgekommen bist,
um sie wieder einzusetzen;
Wo sie sicher wohnen werden,
wenn die Zeit gekommen ist,
Vor Verführern und Versuchungen, ohne Furcht."

John Milton, *Das Zurückgewonnene Paradies*
(Paradise Regained)[2]

---

[1] Bei der Übersetzung des Titels wollte ich den Hinweis auf Miltons *"Paradise regained"* behalten. Das Problem ist, dass bei der deutschen Übersetzung der Satzbau sich ändert. *"Paradise regained"* heißt im Deutschen "Das zurückgewonnene Paradies", wodurch das *"to be"* (etwa *"um zu werden"*) nicht mehr recht passen will. *"Bald"* bedeutet, dass es in naher Zukunft geschehen kann und man bereits jetzt vorhat, es zu tun. Dies schien mir gut zu Etzlers und Thoreaus Aussagen zu passen und auch den Geist des *"to be"* noch zu beinhalten.

[2] *"Paradise Regained"*, John Milton, Verse 613-617 (Milton 1817). Von mir hinzugefügt, nicht im Original enthalten.

11

[Einleitung]

[1] Wir erfahren, dass Herr Etzler[3] ein gebürtiger Deutscher ist und sein Buch[4] ursprünglich vor zehn oder zwölf Jahren in Pennsylvania veröffentlicht hat; und nun wird eine zweite englische Ausgabe, ausgehend von der ursprünglichen amerikanischen, von seinen Lesern jenseits des Wassers verlangt, was, wie wir vermuten, auf die kürzliche Verbreitung von Fouriers Lehren[5] zurückzuführen ist. Es ist

---

[3] Über *John Adolphus Etzler* ist nicht sehr viel bekannt. Er wurde etwa um 1785 in Thüringen geboren und wanderte 1831 nach Pittsburgh aus. Mehr zu Etzler gibt es im Kapitel "Etzler" ab Seite 101. Obwohl seine Ideen in *"The paradise within the reach of all men"* nicht umsetzbar waren und Versuche diese umzusetzen kläglich scheiterten, beeinflussten sie dennoch zahlreiche Menschen, die seine Träume weiter träumten.

[4] Da *"Paradise (to be) regained"* von Henry David Thoreau zum ersten Mal 1843 in der *United States Magazine and Democratic Review* erschien, stammt die Ausgabe von Etzlers Buch *"The paradise within the reach of all men"* gleichfalls aus dieser Zeit. Henry David Thoreau lag deshalb wahrscheinlich die Ausgabe von 1842 (Etzler 1842) vor. Die erste Ausgabe in den USA ist von 1833 (Etzler 1833). 1844 gab es die erste deutsche Ausgabe (Etzler 1844) als eine Übersetzung der Ausgabe von 1842.

[5] Zu Thoreaus Zeiten machten zwei Fouriers von sich reden: Charles Fourier und Joseph Fourier. Hier ist Charles Fourier gemeint, der unter anderem folgenden Text (1829) veröffentlichte: *"Die neue industrielle und sozietäre Welt, oder die Erfindung eines anziehenden und natürlichen Industrieverfahrens, das die Arbeit in leidenschaftliche Serien aufteilt"* (C. Fourier 1829). Dies klingt doch sehr nach Etzler. Charles Fourier war einer der ersten Sozialisten und gilt als der "Erfinder" des Feminismus und des bedingungslosen Grundeinkommens. Da auch Etzlers Ideen eher sozialistischer

eines der Zeichen der Zeit. Wir gestehen, dass wir aus der Lektüre dieses Buches mit erweiterten Ideen und größeren Vorstellungen von unseren Pflichten in dieser Welt hervorgegangen sind. Es hat uns ein wenig erweitert. Es ist es wert, beachtet zu werden, wenn auch nur, weil es große Fragen aufwirft. Bedenken Sie, was Herr Etzler vorschlägt:

Natur waren, liegt es nahe, beide zusammen zu bringen. Des weiteren wurden auf der *Brook Farm* in Massachusetts, einer Art Kommune, die Ideen von Charles Fourier lebendig. Man versuchte durch das gemeinsame Bewirtschaften einer Farm, Charles Fouriers sozialistische Vorstellungen von Gleichheit und Gemeinschaft zu leben. Heute würde man sie vielleicht als die erste Hippie-Kommune bezeichnen, da Charles Fouriers Ideen darüber hinaus auch die Erziehung, wie auch die Gefühls- und Gedankenwelt umfassten, so dass die Leidenschaft für ihn ein zentrales Element war. Man kann ihm also eine gewisse Förderung der sexuellen Befreiung zuschreiben. Joseph Fourier ist einer der Wegbereiter der modernen Physik. In der Mathematik ist er durch die Fourierreihen bekannt, in der Physik vor allem durch seine Entdeckung der Ausbreitung der Wärme in Festkörpern (das Fouriersche Gesetz, veröffentlicht 1822 (J. B. J. Fourier 1822)). Doch das nur so nebenbei.

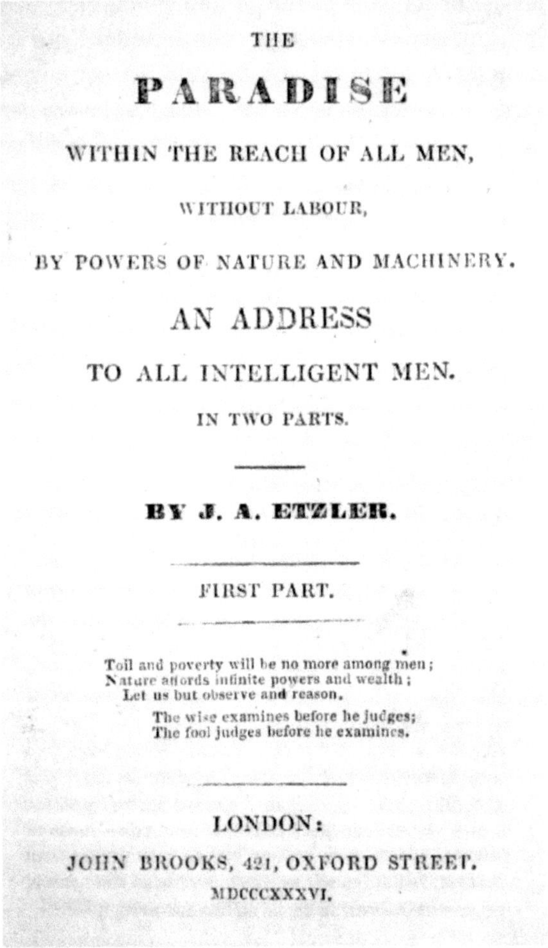

THE

PARADISE

WITHIN THE REACH OF ALL MEN,

WITHOUT LABOUR,

BY POWERS OF NATURE AND MACHINERY.

AN ADDRESS

TO ALL INTELLIGENT MEN.

IN TWO PARTS.

BY J. A. ETZLER.

FIRST PART.

Toil and poverty will be no more among men;
Nature affords infinite powers and wealth;
Let us but observe and reason.

The wise examines before he judges;
The fool judges before he examines.

LONDON:

JOHN BROOKS, 421, OXFORD STREET.
MDCCCXXXVI.

Abbildung 1: "The paradise within the reach of all men" von 1836

[Das Paradies]

[2] "Mitmenschen! Ich verspreche, [euch] die Mittel zur Schaffung eines Paradieses innerhalb von zehn Jahren zu zeigen, in welchem jeder Mensch alles, was für das menschliche Leben wünschenswert ist, im Überfluss, ohne Arbeit und ohne Bezahlung, haben kann; wo das ganze Gesicht der Natur in den schönsten Formen verändert werden wird, und der Mensch in den prächtigsten Palästen leben kann, in allen erdenklichen Raffinessen des Luxus, und in den herrlichsten Gärten; wo er ohne Arbeit in einem Jahr mehr vollbringen kann, als bisher in Tausenden von Jahren getan werden konnte; [der Mensch] kann Berge ebnen, Täler absenken, Seen schaffen, Seen und Sümpfe trockenlegen und das Land überall mit schönen Kanälen und Straßen durchschneiden, um schwere Lasten von vielen tausend Tonnen zu transportieren und um tausend Meilen in vierundzwanzig Stunden zu reisen; [der Mensch] kann den Ozean mit schwimmenden Inseln bedecken, die sich mit ungeheurer Kraft und Schnelligkeit in jede gewünschte Richtung bewegen lassen, in vollkommener Sicherheit und mit allem Komfort und Luxus, mit Gärten und Palästen, mit Tausenden von Familien und versorgt mit Rinnsalen von süßem Wasser; [der Mensch] kann das Innere des Erdballs⁶ erforschen und in zwei Wochen von Pol zu Pol reisen; sich mit bisher unbekannten Mit-

---

6   Im Original steht statt Erdball an allen Stellen "*Globe*". Da im Deutschen ein Globus auch eine Nachbildung der Erde ist, die man auf den Tisch stellen kann, habe ich mich für Erdball entschieden, um das Kugelhafte in dem Wort zu erhalten.

*teln ausstatten, um sein Wissen über die Welt und
damit seine Intelligenz zu vergrößern; ein Leben in
ständigem Glück und mit bisher unbekannten
Genüssen führen; sich von fast allen Übeln
befreien, die die Menschheit heimsuchen, außer
dem Tod, und sogar den Tod [kann der Mensch]
weit über die übliche Zeit des menschlichen Lebens
hinausschieben und ihn schließlich weniger quä-
lend machen. Die Menschheit kann so in einer
neuen Welt leben und sich an ihr erfreuen, die der
gegenwärtigen weit überlegen ist, und [kann] sich
in der Skala des Seins weit nach oben erheben."*

[Die Reformierung der Erde]

[3] Daraus und aus verschiedenen anderen Anzeichen ergibt sich, dass es sowohl in der Mechanik als
auch in der Ethik einen Transzendentalismus[7] gibt.
Während das ganze Feld des einen Reformers jenseits der Grenzen des Raumes liegt, treibt der
andere seine Pläne zur Hebung der [menschlichen]
Rasse bis an ihre äußersten Grenzen. Während der

---

[7]   Immanuel Kant bezeichnete die Erkenntnis als transzenden-
tal, die sich nicht mit den Gegenständen selbst, sondern mit
unserer Erkenntnis der Gegenstände befasst. Im Transzendentalismus ist die Welt, die wir sehen, nur die Welt, die durch
etwas Transzendentes (zum Beispiel Göttliches oder auch
Ideen) entsteht. Deshalb auch der Satz, dass, wenn ich mich
ändere, sich die Welt ändert. Die Welt entsteht letzten Endes -
so Kant - durch meine Wahrnehmung. Auch diese ist etwas
Transzendentes. Die Welt *ist* nicht, sondern sie *entsteht*,
durch mich, durch Ideale und so weiter.
Siehe auch Fußnote 9, zweiter Teil.

eine die [göttlichen] Himmel[8] erforscht, fegt der andere über die Erde. Der eine sagt, er werde sich selbst reformieren, und dann werden [auch] die Natur und die Umstände [sich ändern und] in Ordnung sein[9]. Wir sollten uns nicht selbst behindern, denn das ist die größte Reibung. Es ist von geringer Bedeutung, wenn eine Wolke die Sicht des Astrono-

---

[8] Im Original steht hier "*heaven*" und nicht "*sky*", doch im Deutschen übersetzen wir beides mit "*Himmel*". Hier ist der Himmel (*heaven*) im religiösen - und im transzendentalen Sinne - gemeint.

[9] Thoreau schreibt "*will be right*" und dies nochmals etwa drei Sätze weiter. Wörtlich heißt es: "*wird richtig sein*" oder "*wird in Ordnung sein*". Um eventuell unklare Bedeutungen zu vermeiden, habe ich es etwas erweitert.
Ralph Waldo Emerson unterscheidet des Materialisten und den Tranzendentalisten (= Idealisten) mit ähnlichen Worten:
"Als Denker hat sich die Menschheit seit jeher in zwei Sekten geteilt, in Materialisten und Idealisten; die erste Klasse gründet sich auf die Erfahrung, die zweite auf das Bewusstsein; die erste Klasse fängt an, von den Daten der Sinne her zu denken, die zweite Klasse erkennt, dass die Sinne nicht endgültig sind, und sagt, die Sinne geben uns Vorstellungen von Dingen, aber was die Dinge selbst sind, können sie nicht sagen. Der Materialist besteht auf den Tatsachen, auf der Geschichte, auf der Kraft der Umstände und den tierischen Bedürfnissen des Menschen; der Idealist auf der Kraft des Denkens und des Willens, auf der Inspiration, auf dem Wunder, auf der individuellen Kultur.
[...] In der Ordnung des Denkens geht der Materialist von der äußeren Welt aus und betrachtet den Menschen als ein Produkt dieser Welt. Der Idealist geht von seinem Bewusstsein aus und hält die Welt für eine Erscheinung. Der Materialist achtet die vernünftigen Massen, die Gesellschaft, [...] die Ausdehnung des Raumes, oder die Menge der Gegenstände, jede gesellschaftliche Handlung. Der Idealist hat ein anderes Maß, das metaphysisch ist, [...] Der Geist ist die ein-

men versperrt, verglichen mit seiner eigenen Blindheit. Der andere wird die Natur und die Umstände reformieren, und dann wird [auch] der Mensch [sich ändern und] in Ordnung sein. Sprich nicht mehr vage, sagt er, von der Reformierung der Welt - ich werde den Erdball selbst reformieren. Was macht es aus, ob ich diesen Körpersaft[10] aus meinem Fleisch entferne, oder diese pestilente Körperflüssigkeit aus dem fleischigen Teil des Erdballs? Nein, ist nicht

---

zige Wirklichkeit, von der die Menschen und alle anderen Naturen bessere oder schlechtere Spiegelbilder sind. Natur, Literatur, Geschichte, sind nur subjektive Erscheinungen." (Ralph Waldo Emerson 1842). Vergleiche auch Fußnote 7

[10] Im Original: "*humor*". Ein *Humor* ist in diesem Falle eine Körperflüssigkeit, die unter anderem für die Gemütszustände verantwortlich ist.

Der *Humorismus* war ein medizinisches System, das die Beschaffenheit und Funktionsweise des menschlichen Körpers als von Körpersäften (Humoren) gelenkt beschrieb.

Das Konzept der Humore wurde durch die Schriften des Alkmaeon von Croton (ca. 540-500 v. Chr.) bekannt. Die Anwendung dieser Idee auf die Medizin wird gewöhnlich Hippokrates zugeschrieben. Er vertrat die Auffassung, dass die Körpersäfte (Blut, gelbe Galle, Schleim und schwarze Galle) lebenswichtig sind. Alkmaeon und Hippokrates postulierten, dass ein extremer Überschuss oder Mangel eines der Humore (Körperflüssigkeiten) in einer Person ein Zeichen von Krankheit sein kann und dass ein moderates Ungleichgewicht in der Mischung dieser Flüssigkeiten Verhaltensmuster hervorruft. (Wikipedia 2021a).

Der *Humorismus* begann erst Mitte des 19. Jahrhunderts mit dem Aufkommen der Keimtheorie zu verschwinden, die zeigen konnte, dass viele Krankheiten, von denen man zuvor annahm, dass sie humoral - also durch Körpersäfte - bedingt seien, in Wirklichkeit durch Krankheitserreger verursacht werden.

Siehe auch Fußnote 20.

das Letztere der großzügigere Weg? Gegenwärtig
bewegt sich der Erdball mit einer zerrütteten Verfassung in seiner Umlaufbahn. Hat sie [, die Erde,]
nicht Asthma und Schüttelfrost und Fieber und
Wassersucht und Blähungen und Rippenfellentzün-
dung und ist sie nicht mit Ungeziefer behaftet? Hat
sie nicht ihre gesundheitsfördernden Gesetze, die
dem entgegenwirken, und ihre Lebenskraft, die sie
noch retten wird? Zweifellos würden die einfachen
Kräfte der Natur, wenn sie vom Menschen richtig
gelenkt würden, sie [, die Erde,] gesund und zu
einem Paradies machen; so wie die Gesetze der
eigenen Beschaffenheit des Menschen nur darauf
warten, befolgt zu werden, um ihn [, den Menschen,] gesund und glücklich zu machen. Unsere
Allheilmittel heilen nur wenige Erkrankungen,
unsere allgemeinen Krankenhäuser sind privat und
exklusiv[11]. Wir müssen einen anderen Hygeianer[12]
aufstellen, als er jetzt verehrt wird. Verordnen die
Quacksalber nicht sogar kleine Dosen für Kinder,
größere für Erwachsene, und noch größere für Och-

---

[11] Krankenhäuser waren zur Zeit *Henry David Thoreaus* noch
nicht sehr weit verbreitet. Das *Massachusetts General Hospi-*
tal in Boston ist das drittälteste Krankenhaus der Vereinigten
Staaten. Es wurde 1811 gegründet. Weitere Krankenhäuser
gab es in New York und Philadelphia. Zwar wurden auch
Menschen ohne Geld behandelt, aber jeder, der etwas ver-
diente, musste bezahlen und sicherlich hing die Qualität der
Behandlung und der Arzneimittel von der vorhandenen Geld-
menge ab.

[12] Hygeia ist die griechische Göttin der Gesundheit.

sen und Pferde? Lasst uns daran denken, dass wir [auch eine Medizin] für die Erde selbst verschreiben sollen.

[4] Diese schöne Heimstatt ist uns zugefallen, und wie wenig haben wir getan, um sie zu verbessern, wie wenig haben wir gerodet und mit Hecken und Gräben versehen! Wir sind zu sehr geneigt, in ein *"besseres Land"*[13] zu gehen, ohne einen Finger zu rühren, so wie es unsere Farmer zu den Böden von Ohio zieht[14]; aber wäre es nicht heldenhafter und treuer, den Boden der Welt in Neuengland zu bestellen[15] und zu bewirtschaften[16]? Die noch jugendlichen Energien des Erdballs müssen nur in den rich-

---

[13] Cramer vermutet hier eine Anspielung auf Hebräer 11:16, wo es heißt *"Nun aber begehren sie eines bessern, nämlich eines himmlischen [Vaterlandes]"*, was ich jedoch als gewagt sehe. Die Verheißung nach einem besseren Land findet sich häufig in der Bibel. So verspricht Gott allen, die ihm folgen *"ein Land, darin Weizen, Gerste, Weinstöcke, Feigenbäume und Granatäpfel sind; ein Land darin Ölbäume und Honig wachsen"* (bibeltext.com 2020). Doch warum in die Ferne schweifen, wenn das Gute liegt so nah? Henry David Thoreau liebte Neuengland. Für ihn war die Erde Neuenglands pures Gold, warum also nach Ohio ziehen? Die Anführungszeichen könnten gesetzt worden sein, weil es kein besseres Land gibt. *"Ist unser Heimatboden nicht goldhaltig? Fließt nicht ein Wasserlauf aus den goldenen Bergen durch unser heimatliches Tal?"* schreibt Henry David Thoreau in *"Leben ohne Prinzipien"*, Absatz 21 (Thoreau, Emerson, und Schieferdecker 2021, 125).

[14] Es ist etwas freier übersetzt: *"as our farmers are moving to the Ohio soil"*. Im Original *"bewegen"* sie sich zur Ohio-Erde (*"moving"*), in meinem Satz werden sie gezogen.

[15] Wörtlich übersetzt ist es *"diesen Neuenglandboden der Welt zu bestellen"*, doch das fand ich im Deutschen etwas holprig, weshalb ich den Satz etwas umgestellt habe.

tigen Kanal gelenkt werden. Jede Zeitung bringt
Berichte über die unbelehrbaren[17] Launen des Windes, - Schiffsbrüche und Orkane, die der Seemann
und der Pflanzer als besondere oder allgemeine Vor-
sehung annehmen;[18] aber sie berühren unser Gewissen, sie erinnern uns an unsere Sünden. Eine weitere Sintflut würde die Menschheit entehren[19]. Wir
gestehen, dass wir nie viel Respekt vor dieser vor-

---

[16] Thoreau verwendet hier "redeem", was eher *einlösen, erret-*
ten, erfüllen usw. bedeutet. Doch bei einem Ackerboden
scheint mir das unpassend. "*Redeem*" wird auch im Zusammenhang mit - zum Beispiel - "*eine Hypothek einlösen*" verwendet. Wenn man "*redeem*" "macht", so bekommt man
etwas, nachdem man seine Verpflichtung erfüllt hat. Außerdem bedeutet das Wort - im übertragenen Sinne - auch *"sich*
des Vertrauens würdig erweisen". Wenn ich einen Acker
bekomme und in gut bewirtschafte, tue ich das.

[17] Im Original: "*untutored*". "*To tutor*" bedeutet jemanden *zu*
schulen, zu lehren oder *zu disziplinieren*. Die "*undiszipliniert-*
ten Winde" wäre auch eine gute Übersetzung.

[18] Wettervorhersagen sind tatsächlich etwas sehr Modernes.
Zwar kannte man Zusammenhänge schon sehr lange, doch
konnte man diese nur sehr kurzfristig auf das aktuell beob-
achtbare Wetter anwenden. Da man für eine Wettervorhersage
Vorausberechnungen benötigt und die Möglichkeit der
raschen Weitergabe dieser Berechnungen, gab es Wettervorhersagen erst nach der Verbreitung von Telegrafenleitungen,
also ab der Mitte des 19. Jahrhunderts. Als Henry David Thoreau dieses Essay schrieb, gab es so etwas noch nicht. Erst
1061 veröffentlichte die *Times* die ersten Wettervorhersagen,
auch die ersten Wetterkarten wurden 1861 veröffentlicht.

[19] Laut der Bibel brachte Gott die Sintflut, weil die Menschen
verdorben waren:
1. Mose 6, 11-13,17:
"Aber die Erde war verderbt vor Gottes Augen und voll Fre-
vels. Da sah Gott auf die Erde, und siehe, sie war verderbt;
denn alles Fleisch hatte seinen Weg verderbt auf Erden. Da

sintflutlichen Rasse hatten. Ein reinrassiger Geschäftsmann kann sich nicht mit ganzem Herzen in das Geschäft des Lebens stürzen, ohne vorher in seine Bücher zu schauen. Wie viele Dinge stehen jetzt auf wackligen Beinen! Wer weiß, aus welcher Richtung der Wind morgen wehen wird? Wir wollen uns nicht der Natur beugen. Wir werden die Wolken ordnen und die Stürme bändigen; wir werden gefährliche Ausdünstungen [der Erde] in Flaschen abfüllen; wir werden nach Erdbeben forschen, sie ausrotten und für das gefährliche Gas eine Entlüftung anlegen[20]; wir werden den Vulkan

---

sprach Gott zu Noah: Alles Fleisches Ende ist vor mich gekommen; denn die Erde ist voll Frevels von ihnen; und siehe da, ich will sie verderben mit der Erde. [...] Denn siehe, ich will eine Sintflut mit Wasser kommen lassen auf Erden, zu verderben alles Fleisch, darin ein lebendiger Odem ist unter dem Himmel. Alles, was auf Erden ist, soll untergehen." (bibeltext.com 2020)

[20] Im Original: "*give vent to*", was wörtlich "*eine Entlüftung geben*" bedeutet, im Übertragenen Sinne aber: Der Erde die Möglichkeit geben, "*ihren Dampf (= Wut) abzulassen*". Allerdings bezieht er sich hier auf das gefährliche Gas ("*and give vent to the dangerous gas*").
Dieses gefährliche Gas abzulassen, ist auch eine Heilmethode. Die Lehre von den Humoren (Körpersäften, siehe Fußnote 10 auf Seite 18) brachte auch eine Krankheitslehre hervor, die Humoralpathologie. Nach dieser ist jemand krank, wenn es ein Ungleichgewicht dieser Körpersäfte gibt. Aufgabe des Arztes war es deshalb dieses Gleichgewicht wieder herzustellen. Dies konnte durch das Zuführen eines Körpersaftes geschehen, der zu wenig vorhanden war, aber auch durch das Ablassen dessen, was zu viel war. Und genau diesen Vorgang beschreibt Henry David Thoreau. Man "heilt" quasi die Erde, indem man die Säfte, die als krankmachend gelten, oder die als Zeichen der Krankheit der Erde gelten,

ausweiden und sein Gift herausziehen, seinen Samen herausnehmen. Wir werden das Wasser waschen und das Feuer erwärmen und das Eis kühlen und die Erde abstützen. Wir werden den Vögeln das Fliegen beibringen, den Fischen das Schwimmen und den Wiederkäuern das Wiederkäuen. Es ist Zeit, dass wir uns mit diesen Dingen beschäftigen.

[5] Und es wird auch die Aufgabe des Moralisten sein zu fragen, was der Mensch tun könnte, um das System zu verbessern und zu verschönern; damit die Sterne heller leuchten, die Sonne heiterer und fröhlicher, [und auch] der Mond ruhiger und zufriedener ist. Könnte er nicht die Farben der Blumen und die Melodie der Vögel verstärken? Erfüllt er [, der Mensch,] seine Pflicht gegenüber den minderwertigen Rassen?[21] Sollte er nicht ein Gott für sie sein? Was ist die Rolle der Großmut gegenüber dem Wal und dem Biber? Sollten wir uns nicht fürchten, mit ihnen für einen Tag den Platz zu tauschen, damit sie uns nicht durch ihr Verhalten beschämen? Könnten wir nicht mit Großmut den Hai und den Tiger behandeln, [könnten wir] nicht hinabsteigen, um ihnen auf ihrer eigenen Ebene zu begegnen, mit

---

ablässt.

[21] Henry David Thoreau war kein Rassist. Die "*minderwertigen Rassen*", das sind die Tiere, also die Lebewesen, die quasi "*unter*" dem Menschen stehen. Es ist eine Bezeichnung für nicht-menschliches, tierisches Leben. So schreibt er drei Sätze weiter, dass wir zu dem Hai und dem Tiger "*hinabsteigen*".
Menschen mit einer bestimmten Hautfarbe oder Herkunft als "*minderwertige Rasse*" zu bezeichnen, bedeutet also, sie als Tiere zu bezeichnen, die unter dem Menschen stehen.

Speeren aus Haifischzähnen und Bucklern[22] aus Tigerhaut? Wir reden schlecht[23] über die Hyäne[24]; [doch] der Mensch ist das grimmigste und grausamste Tier. Ah! er hat wenig Vertrauen; sogar die auf Abwege geratenen Kometen und Meteore würden ihm danken und seine Freundlichkeit auf ihre Art und Weise erwidern.

[Einmischen ohne zu schaden]

[6] Wie gemein und grob gehen wir mit der Natur um! Könnten wir nicht eine weniger grobe[25] Arbeit haben? Was sonst noch legen diese ausgezeichneten

---

[22] Buckler sind kleine Schilde, die man auch als Faustschilde bezeichnet. Sie wurden vor allem im Mittelalter zur Verteidigung benutzt.

[23] Im Original: "*slander*" = hier "*übel nachreden*" oder "*in falschen Verdacht bringen*"

[24] In fast jeder Kultur verkörpern die Hyänen etwas Unschönes. Entweder gelten sie einfach nur als als dumm, oder sogar als böse magische Räuber, je nach Kultur und Land. Fast überall gelten sie als angsteinflößend. Auf welche Zuschreibungen ihres Charakters Thoreau hier anspielt, weiß ich nicht. Da er viel gelesen hatte, kannte er sicherlich viele verschiedene nicht sehr schöne Beschreibungen von Hyänen.

[25] Thoreau verwendet zweimal "*gross*", was "*grob*", "*unfein*", "*krass*" bedeutet. Die Frage "*Können wir nicht eine weniger grobe Arbeit haben?*", bezieht sich auf Etzlers Buch, in welchem durch die Nutzung der Technik der Mensch keine harte, grobe, unfeine Arbeit mehr leisten muss, sondern die Maschinen diese Arbeit für ihn erledigen.

Erfindungen nahe, - Magnetismus[26], Daguerreotypie[27], Elektrizität[28]? Können wir nicht mehr tun, als
den Wald zu fällen und zu stutzen - können wir ihn
nicht in seiner inneren Ökonomie unterstützen, bei
der Zirkulation des Lebenssaftes? Jetzt arbeiten wir
oberflächlich und gewalttätig. Wir ahnen nicht, wie
viel getan werden könnte, um unser Verhältnis zur

---

[26] Der *Magnetismus* ist schon sehr lange bekannt. Bereits
      Hippokrates erwähnte ihn in seinen medizinischen Abhand-
      lungen (etwa 400 vor Christus). Doch erst 1820 entdeckte
      Hans Christian Örsted die Beziehung zwischen Magnetismus
      und Elektrizität, 1821 baute Faraday den ersten Elektromotor
      und 1825 erfand William Sturgeon den ersten Elektromagne-
      ten. Wahrscheinlich bezieht sich Henry David Thoreau hier-
      auf.

[27] Die *Daguerreotypie* war das erste für jeden nutzbare Fotogra-
      fie-Verfahren. Es wurde 1839 zum ersten Mal veröffentlicht.
      Damit ist die Art der Fotografie gemeint, die wir alle aus
      alten Filmen, wie zum Beispiel Karl-May-Western, kennen.
      Auch die bekannten Bilder von Henry David Thoreau wurden
      damit gemacht.
      Das Verfahren ist nach dem französischen Maler Louis
      Daguerre benannt, der es mitentwickelte. Zur Herstellung des
      Bildes polierte ein so genannter Daguerreotypist ein versil-
      bertes Kupferblech auf Hochglanz und behandelte es
      anschließend mit Dämpfen aus Silberjodid, um die Oberflä-
      che lichtempfindlich zu machen. Diese so behandelte Platte
      wurde quasi "der Film" der Kamera (man konnte immer nur
      ein Bild machen). Beim Fotografieren wurde die Platte unter
      schiedlich stark belichtet. Durch die anschließende Behand-
      lung mit Quecksilberdampf wurden diese unterschiedlichen
      Belichtungen sichtbar gemacht und ein Bild entstand. Dann
      musste die Platte noch in ein Fixierbad und anschließend
      hatte man das Foto. Es war immer ein Einzelstück auf einer
      Metallplatte.
      Durch die Arbeit mit Quecksilberdampf hatten Daguerreoty-
      pisten jedoch kein sehr langes Leben.

belebten Natur sogar zu verbessern; welche Freundlichkeit und verfeinerte Liebenswürdigkeit[29] es [im
Verhältnis zur Natur] geben könnte.

[7] Es gibt gewisse Beschäftigungen, die, gänzlich
unpoetisch und unwahrhaftig, eine edlere und bessere Beziehung zur Natur nahelegen, als wir sie
kennen[30]. Das Halten von Bienen zum Beispiel ist

---

[28] Elektrizität war schon lange bekannt. Benjamin Franklin
erfand 1752 den Blitzableiter. Doch erst als Luigi Galvani
1770 tote Froschschenkel zum Zucken brachte, begann die
eigentliche Geschichte der Elektrizität. Man erkannte, dass
man mit ihr etwas bewegen konnte. 1776 entwickelte Alessandro Volta die erste Batterie, wodurch man zum ersten Mal
Ladungen trennen und einen Stromfluss absichtlich erzeugen
konnte. Wie schon in der Fußnote zuvor (Fußnote 26)
erwähnt, baute 1821 Faraday den ersten Elektromotor und
1825 erfand William Sturgeon den ersten Elektromagneten.
Doch Stromerzeugung mit Hilfe von Maschinen gab es erst
ab 1866 durch Werner von Siemens. Henry David Thoreau
kennt also Elektrizität, weiß aber noch wenig über die Möglichkeiten ihrer Anwendung oder Erzeugung. Auch Etzler,
dessen Buch 1833 erschien, kannte die Möglichkeit der
Stromerzeugung noch nicht.

[29] Im Original: "*courtesy*", was meist als "*Höflichkeit*" übersetzt
wird. Es ist schwierig, mit einem Baum höflich umzugehen,
deshalb denke ich, dass es hier um die Manieren geht und
eigentlich eher "*Anstand*" gemeint ist, doch steht dies nicht
da. Da "*courtesy*" auch als "*Liebenswürdigkeit*" übersetzt
werden kann und dies so ähnlich ist wie "*Freundlichkeit*",
habe ich diese Übersetzung gewählt.

[30] Hier habe ich sehr frei übersetzt, da vor allem der eingefügte
Satzteil "*if not wholly poetic and true*" (= "*wenn nicht gänzlich poetisch und wahrhaftig*") sich nicht so recht einfügen
wollte. Im Original heißt es: "*There are certain pursuits
which, if not wholly poetic and true, do at least suggest a
nobler and finer relation to nature than we know*".

ein sehr leichter Eingriff. Es ist wie das Lenken der Sonnenstrahlen. Alle Völker, von der entferntesten Antike an, haben so mit der Natur hantiert. Es gibt Hymettos[31] und Hybla[32], und wie viele bienenbekannte Orte daneben? Es ist nichts Grobes im Konzept[33] dieser kleinen Herden, - [oder] in ihrem Summen [, es ist] wie das schwächste Muhen der Kühe in den Wiesen. Ein freundlicher Rezensent hat uns kürzlich daran erinnert, dass sie [die Bienen] an manchen Orten auf die Weide geführt werden, wo

---

[31] Der Hymettos ist ein Bergrücken auf der griechischen Insel Attika, in der Nähe von Athen. In der Antike war er berühmt für seinen Honig.
"Der Gipfel des HYMETTOS, östlich oder leicht südöstlich von Athen, trug einst die Statue des ZEUS Hymettos. Früher war der Berg mit aromatischen Kräutern bewachsen. Der süße, duftende Hymettos-Honig war berühmt in der ganzen griechischen Welt; wobei die Biene einerseits zu APOLLON gehörte, andererseits unter dem Zauber des Gottes DIONYSOS Milch und Honig aus der Natur flossen." (Moser 2021).

[32] Hybla ist eine Stadt auf Sizilien.
In Shakespeares *"Julius Cäsar"* (Akt 5, Szene 1) findet sich folgender Dialog *(Shakespeare 2016)*, hier in der Übersetzung nach August Wilhelm Schlegel (1797) (Shakespeare, Schlegel, und Zeno o. J.):

CASSIUS:	*Die Führung Eurer Streiche, Mark Anton,*
	Ist uns noch unbekannt; doch Eure Worte
	Begehn an Hyblas Bienen Raub und lassen
	Sie ohne Honig.
ANTONIUS:	*Nicht auch stachellos?*
BRUTUS:	*O ja! auch tonlos,*
	Denn Ihr habt ihr Summen gestohlen,
	Mark Anton,
	Und drohet weislich, bevor Ihr stecht."

[33] Im Original: *"idea"* = *"Idee"*, *"Einfall"*

die Blumen am reichlichsten sind. *"Columella[34]
erzählt uns"*, sagt er, *"dass die Bewohner Arabiens
ihre Bienenstöcke nach Attika[35] schickten, um von
den [jahreszeitlich] später blühenden Blumen zu
profitieren."* Alljährlich werden die Bienenstöcke in
riesigen Pyramiden in Booten den Nil hinaufgefah-
ren und nachts lässt man sie langsam den Strom
[wieder] hinuntertreiben, tags, während die Blumen
an den Ufern sprießen, hält man an[36], und sie [, die
Blumen,] bestimmen den Reichtum eines jeden
Ortes und damit die Profitabilität einer Verzögerung
durch das Zu-Wasser-Lassen[37] des Bootes. Derselbe
Rezensent erzählt uns von einem Mann in Deutschland, dessen Bienen mehr Honig lieferten als die
seiner Nachbarn, ohne einen erkennbaren Nutzen
[für die Bienen]; aber schließlich teilte er ihnen mit,
dass er seine Bienenstöcke um einen Grad mehr
nach Osten gedreht hatte, und so bekamen seine

---

[34] Hier ist *Lucius Iunius Moderatus Columella* gemeint. Er ver-
fasste im alten Rom (ca. 60 nach Christus) ein bekanntes
Werk über Landwirtschaft *"De re rustica libri duodecim"*.
Die deutsche Veröffentlichung von 1538 lautet *"Das Ackerwerck Lucii Columellae und Palladii"* (Columella und Herr
1538). Den vollständigen lateinischen Text gibt es bei Wikisource (Columella und Lundström o. J.).

[35] *Attika* ist eine Region in Griechenland. Ihre Hauptstadt ist
Athen.

[36] Im Original eigentlich *"ruht man"* oder *"rastet"* man.

[37] Dieser Satz ist etwas seltsam. Thoreau schreibt *"sinking the
boat"*, was man auch mit *"versenken des Bootes"* übersetzen
könnte. Aber ich nehme an, er wollte das *"Einsenken"* = das
erneute Zu-Wasser-Lassen des Bootes in das Wasser
beschreiben. Da man das Boot zuerst an Land ziehen und
dann wieder zu Wasser lassen muss, um anzuhalten.

Bienen, die am Morgen zwei Stunden Vorsprung hatten, den ersten Schluck Honig. Es ist wahr, es gibt Verrat und Egoismus hinter all dem, aber diese Dinge weisen den poetischen Geist darauf hin, was getan werden könnte.[38]

[Beispiele für grobe Einmischungen in die Natur]

[8] Es gibt viele Beispiele für gröbere Einmischungen, bislang nicht ohne deren Rechtfertigung[39]. Letzten Sommer sahen wir an einem Berghang einen Hund, der für eine Bauernfamilie Butter herstellte[40], indem er auf einem horizontalen Rad lief[41], und obwohl er wunde Augen, einen beunruhigenden Husten und dabei einen sittsamen[42] Anblick bot,

---

[38] Die Informationen in diesem Absatz entnahm Henry David Thoreau einem Text aus der *"Quartery Review"*, Nummer 141, Dezember 1842 (John Murray Publishers 1842) von Thomas James (James 1852).

[39] Im Original: *"yet not without their apology"*. Eine seltsame Konstruktion, denn *"nicht ohne"* bedeutet ja *"mit"*. Natürlich versuchen wir, jede Handlung zu rechtfertigen, deshalb ist dieser Satz etwas seltsam.

[40] Im Original: *"employed to churn"* = *"angestellt um Butter zu schlagen"*

[41] Butter wird dadurch hergestellt, dass man den Rahm der Milch abschöpft und diesen dann so lange rührt (schlägt), bis er zu Butter wird. Das Rad, das der Hund durch sein Im-Kreis-Gehen antreibt, treibt eine Maschine an, die wiederum Butter schlägt.

[42] Im Original: *"demure"*, was auch *spröde, züchtig* oder *zurückhaltend* sein kann.

bekamen sie dennoch ihr Brot gebuttert[43]. Zweifellos wird bei den glänzendsten Erfolgen immer der, der in der Rangordnung am weitesten unten steht,[44] geopfert. Viel unnützes Reisen mit Pferden, in extenso[45], ist in den letzten Jahren zum Vorteil für den Menschen verbessert worden, wobei man sich nur zwei Kräfte zu Nutze macht, - die Schwerkraft des Pferdes, die die zentripetale ist, und seine zentrifugale Neigung[46], vorwärts zu gehen. Nur diese beiden Elemente [sind] in der Berechnung. Und ist nicht die gesamte Wirtschaftlichkeit der Kreatur auf diese Weise besser wirtschaftlich genutzt[47]? Sind nicht alle endlichen Wesen mit relativen Bewegungen zufriedener als mit absoluten? Und was ist der große Erdball selbst anderes als ein solches Rad, -

---

[43] Dies ist ein Wortspiel. *"Sein Brot gebuttert bekommen"* heißt auch, dass es einem gut geht. Den Menschen geht es gut (dem Hund aber nicht), weil der Hund für sie arbeitet.

[44] Ich habe etwas freier übersetzt. Im Original heißt es *"the first rank is always sacrificed."* = *"der erste Rang wird immer geopfert".*

[45] *"In extenso"* = *"In aller Ausführlichkeit".* Wahrscheinlich möchte Thoreau mit diesem Einschub darauf hinweisen, dass er diesen Aspekt nun etwas ausführlicher schildert, wobei es auch eine Betonung der zu starken Nutzung der Pferde sein kann.

[46] Die Verwendung der Begriffe ist nicht ganz korrekt. *Zentripetal* ist eine Kraft, die bei einer Kreisbewegung zu einem Zentrum hin wirkt und zentrifugal ist eine Kraft, die von einem Zentrum weg wirkt.

[47] Thoreau verwendet *"economy"* und *"economized".* Wörtlich wäre es *"Wirtschaft"* und *"verwirtschaftlicht".* Das letztere Wort verwenden wir in Deutschen nicht. Um beide Worte in ihrer Beziehung aufeinander zu erhalten habe ich *"genutzt"* hinzugefügt.

eine größere Tretmühle, - so dass die freiesten Schritte unseres Pferdes über die Prärien oft durch die Bewegung der Erde um ihre Achse gehemmt und unbrauchbar gemacht werden? Doch hier ist es die wichtigste wirkende Kraft[48] und die Antriebskraft; und erzeugen[49] nicht, für eine Vielzahl an Szenarien, wenn wir sie wie durch ein Fenster betrachten[50], die immer wieder abwechselnde Tätigkeit und die schwankende Energie der Kreatur selbst, den Eindruck der höchst abwechslungsreichen Szenerie auf einer Landstraße? Man muss zugeben, dass die Pferde zur Zeit zu ausschließlich für den Menschen arbeiten, selten der Mensch für das Pferd; und das Tier degeneriert in der Gesellschaft des Menschen.

---

[48] Im Original: *"central agent"* = *"zentrale Wirkungsmittel"*.

[49] Im Original: *"work"*, was eher *"bewirken"* oder *"erschaffen"* ist. *"Erzeugen"* fand ich in diesem Zusammenhang jedoch etwas stimmiger.

[50] Wörtlich steht hier: *"dargeboten mit einem Fenster davor"*.

[Die Zukunft im Umgang mit der Natur]

[9] Man wird sehen, dass wir eine Zeit vor Augen haben, in der der Wille des Menschen Gesetz für die physische Welt sein wird, und er wird nicht mehr von solchen Abstraktionen wie Zeit und Raum, Höhe und Tiefe, Gewicht und Härte abgeschreckt werden, sondern tatsächlich der Herr der Schöpfung sein. "*Nun,*" sagt der ungläubige Leser, "'*das Leben ist kurz, aber die Kunst ist lang*[51];' wo ist die Kraft, die alle diese Veränderungen bewirken wird?*" Genau das zu zeigen, ist das Ziel von Herrn Etzlers Band. Vorerst möchte er nur daran erinnern, dass es unzählige und unermessliche Kräfte gibt, die bereits in der Natur vorhanden sind, [und] in einem hohen Maße unverbessert [existieren], oder nicht umfangreich und für allgemeine Zwecke eingesetzt werden, [obwohl sie] für diese Zwecke vollkommen ausreichen. Er möchte nur auf ihre Existenz hinweisen, wie ein Landvermesser die Existenz von Wasserkraft in jedem Bach bekannt macht; aber für ihre Anwendung verweist er uns auf eine Fortsetzung dieses Buches, genannt das "*Mechanische System*". Einige der offensichtlichsten und bekanntesten die-

---

[51] "*Das Leben ist kurz aber die Kunst ist lang*" bedeutet, dass die Kunst, die man schafft, das Leben überdauert und lange weiterbesteht, auch wenn das eigene Leben eher kurz ist. Dies bezieht sich auf ein Zitat des Hippokrates: "*Vita brevis, ars longa*". Auf Deutsch heißt der Aphorismus bei Hippokrates komplett: "*Das Leben ist kurz, / und Kunst lang, / Gelegenheit flüchtig, / Experimente gefährlich, / und Urteil schwierig.*" (Hippokrates und Addams o. J.)

ser Kräfte sind der Wind, die Gezeiten, die Wellen, der Sonnenschein. Lassen Sie uns ihren Wert betrachten.

[Die Kraft des Windes]

[10] Erstens ist da die Kraft des Windes, die ständig über den gesamten Erdball ausgeübt wird. Aus der Beobachtung eines Segelschiffes und aus wissenschaftlichen Tabellen geht hervor, dass die durchschnittliche Kraft des Windes der eines Pferdes pro hundert Quadratfuß entspricht. *"Wir wissen"*, sagt unser Autor -

1 Inch/Zoll	2,54 cm
1 Fuß	30,48 cm
1 Yard	91,44 cm
1 Meile	1,61 km
1 Quadratzoll	6,45 cm²
1 Quadratfuß	929 cm²
1 Quadratyard	0,836 m²
1 Quadratmeile	2,59 km²
1 Root (Viertelmorgen)	1,01 m²
1 Morgen	4,05 m²

Tabelle 1: Einheiten (Tabelle von C. Schieferdecker)

[11] *"... dass Schiffe erster Klasse zweihundert Fuß[52] hohe Segel tragen; wir können also auch an Land dem Wind Flächen von gleicher Höhe entgegensetzen. Stellen Sie sich eine Linie von solchen*

---

[52] 1 Fuß sind etwa 30 Zentimeter. 200 Fuß sind also etwa 60 Meter.

*Flächen eine Meile[53], oder etwa 5000 Fuß lang vor;
sie würde dann 1.000.000[54] Quadratfuß [Segelflä-
che] ausmachen. Lassen Sie diese Oberflächen
durch einige Vorrichtungen die Richtung des Windes im rechten Winkel schneiden, und [sie] erhalten
folglich seine volle Leistung zu allen Zeiten. Da die
durchschnittliche Leistung pro 100 Quadratfuß
gleich einem Pferd ist, wäre die Gesamtleistung
gleich 1.000.000 geteilt durch 100, also 10.000
Pferdestärken. Wenn man die Leistung eines Pferdes mit der von zehn Männern gleichsetzt, entspricht die Leistung von 10.000 Pferden der Leistung von 100.000 Männern. Da aber die Menschen
nicht ununterbrochen arbeiten können, sondern
etwa die Hälfte der Zeit zum Schlafen und Ausruhen
brauchen, würde dieselbe Kraft 200.000 Menschen
entsprechen. ... Wir sind nicht auf die Höhe von 200
Fuß beschränkt; wir könnten, wenn nötig, die
Anwendung dieser Kraft auf die Höhe der Wolken
ausdehnen, mit Hilfe von Drachen."*

[12] Doch wir werden so ein Hindernis für jede
Quadratmeile der Oberfläche des Erdballs haben[55].
Denn, da der Wind die Erde in der Regel in einem
Winkel von mehr als zwei Grad trifft, was auf
Grund der Beobachtung seiner Wirkung auf dem
hohen Meer einleuchtet, erlaubt es sogar eine

---

[53] 1 Meile sind ungefähr 1,6 Kilometer.

[54] 1.000.000 Quadratfuß sind etwa 90.000 Quadratmeter.

[55] Den Punkt habe ich gesetzt, um die Sätze besser von einander
abzugrenzen. Im Original steht für "Hindernis" "fence",
womit die lange Linie von Segeln, die nebeneinander stehen,
gemeint ist.

engere Annäherung. Da die Oberfläche des Erdballs etwa 200.000.000 Quadratmeilen umfasst, würde die gesamte Kraft des Windes auf diesen Flächen 40.000.000.000.000 Männern entsprechen und *"würde 80.000 Mal so viel Arbeit verrichten, wie alle Männer auf der Erde mit ihren Kräften[56] bewirken könnten."*

[13] Wenn eingewendet werden sollte, dass diese Berechnung die Oberfläche des Ozeans und unbewohnbare Regionen der Erde einschließt, wo diese Kraft für unsere Zwecke nicht angewendet werden könnte, ist Herr Etzler schnell mit seiner Antwort - *"Aber, Sie werden sich erinnern,"* sagt er, *"dass ich versprochen habe, die Mittel zu zeigen, um den Ozean so bewohnbar zu machen wie das fruchtbarste trockene Land; und ich schließe nicht einmal die Polarregionen aus."*

[14] Der Leser wird bemerken, dass unser Autor das Hindernis[57] nur als eine bequeme Formel verwendet, um damit die Kraft des Windes auszudrücken, und es nicht für eine notwendige Methode seiner Anwendung hält. Wir messen dieser Aussage über den Vergleich der Kraft des Windes mit der des Pferdes nicht viel Wert bei, denn es wird keine gemeinsame Grundlage genannt, auf der sie verglichen werden können. Zweifellos ist jede [Kraft] auf ihre Weise unvergleichlich vortrefflich, und jeder

---

[56] Im Original *"nerves"*, was auch *"Stärken"* bedeutet und damit *"Kräften"*.

[57] Im Original: *"fence"*, was auch *Zaun, Absperrung* etc. heißen kann.

allgemeine Vergleich, der zu praktischen Zwecken angestellt wird, der der einen den Vorzug gibt, muss mit einer gewissen Ungerechtigkeit gegenüber der anderen gemacht werden. Die [verwendeten] wissenschaftlichen Tabellen sind größtenteils nur in einem tabellarischen Sinne wahr. Wir vermuten, dass ein beladener Wagen mit einem leichten Segel, zehn Fuß im Quadrat, am Ende des Jahres unter gleichen Umständen nicht so weit geweht worden wäre, wie ein gewöhnliches Rennpferd oder ein Zugpferd ihn gezogen hätten. Und wie viele verrückte Konstruktionen auf der Oberfläche unseres Erdballs, mit den gleichen Abmessungen, würden auf die Holzfäule warten, wenn die Zugriemen eines Pferdes an ihnen befestigt werden würden, sogar auf der dem Wind zugewandten Seite[58]? Offensichtlich ist das nicht das Vergleichsprinzip. Aber selbst die gleichbleibende und konstante Kraft des Pferdes kann zumindest als gleichwertig mit seinem Gewicht bewertet werden. Doch lieber lassen wir die Zephire[59] und Stürme mit ihrem ganzen Gewicht auf unseren Zäunen lasten, als dass sich Dobbin[60] [, eine Schindmähre,] mit versteiften[61] Füßen eine Saison lang bedrohlich an sie lehnt.

---

[58] Der Satz ergibt für mich keinen Sinn. Im Original lautet er: *"And how many crazy structures on our globe's surface, of the same dimensions, would wait for dry-rot if the traces of one horse were hitched to them, even to their windward side?"* Gäbe es den Schlusssatz nicht (*"even to their windward side"*), hätte ich angenommen, dass das *Warten auf die Holzfäule* bedeutet, dass es unnütz ist. Nach dem Motto: Diese Sachen sind nur für den Müll.

[59] Der Zephyr ist ein griechischer Windgott.

[15] Dennoch, hier ist eine fast unberechenbare Macht zu unserer Verfügung, doch wie trivial die Verwendung, die wir von ihr machen! Sie dient lediglich dazu, ein paar Mühlen zu drehen, ein paar Schiffe über den Ozean zu blasen, und [dann verwenden wir sie noch für] ein paar triviale Zwecke nebenbei. Was für ein armseliges Kompliment machen wir unserem unermüdlichen und tatkräftigen Diener!

[16] "Wenn Sie vielleicht fragen, warum diese Kraft nicht benutzt wird, wenn die Behauptung wahr ist, so muss ich zurückfragen, warum die Kraft des Dampfes erst so spät zur Anwendung kommt? so viele Millionen Menschen haben viele tausend Jahre lang jeden Tag Wasser gekocht; sie müssen

---

[60] Dobbin bedeutet übersetzt *"Schindmähre"*. Eine Schindmähre ist ein halb zu Tode geschundenes Pferd. Doch denke ich, dass es sich hier um eine Anspielung auf ein Mitglied einer reichen Familie aus North-Carolina handelt und hier Thoreau absichtlich eine Doppeldeutigkeit eingebaut hat, weshalb ich das Wort nicht übersetzte.
Die Dobbins waren eine extrem reiche Familie und politisch sehr aktiv - höchstwahrscheinlich starke Befürworter der Sklaverei. Vermutlich saß zu den Zeiten Thoreaus ein Dobbin (oder mehrere) im Repräsentantenhaus. Weitere Dobbins gab es in Tennessee, ebenfalls einem Sklavenstaat. Von den reichen und mächtigen Dobbins aus North-Carolina wissen wir nur noch Dank James Cochran Dobbin, der 1853 zum Marineminister ernannt wurde. Aber schon sein Großvater James Dobbin war ein einflussreicher Politiker (Dictionary of North Carolina Biography u. a. 1986).

[61] Im Original: *"feet braced":* Das können *zusammengebundene* Füße sein, aber auch *abgestützte, versteifte, angespannte,* usw. Bezogen auf eine Schindmähre, die halb tot an einem Zaun lehnt, habe ich mich für *"versteift"* entschieden.

oft gesehen haben, dass kochendes Wasser in fest verschlossenen Töpfen oder Kesseln den Deckel anheben oder das Gefäß mit großer Gewalt bersten lassen würde. Die Kraft des Dampfes war also bis hinunter zur kleinsten Küchen- oder Waschfrau so allgemein bekannt wie die Kraft des Windes; aber genaue Beobachtungen und Überlegungen[62] wurden weder dem einen noch dem anderen zuteil."

[Die Kraft des Wassers]

[17] Die Menschen, die die Kraft des fallenden Wassers entdeckt haben, die immerhin vergleichs- weise gering ist, wie eifrig suchen sie nach diesen Privilegien und verbessern sie! Lassen Sie [sie] einen Höhenunterschied von nur ein paar Fuß an einem Wasserlauf in der Nähe einer bevölkerungs- reichen Stadt entdecken, eine leichte Gelegenheit für die Schwerkraft [um zu wirken], und die gesamte Wirtschaft der Nachbarschaft wird auf ein- mal verändert. Die Menschen spekulieren in der Tat über und mit dieser [Schwer-]Kraft, als ob es die einzige Vergünstigung wäre. In der Zwischenzeit fällt dieser Luftstrom aus weitaus größeren Höhen mit konstanterem Fluss, der nie durch Dürre geschrumpft wird, und bietet Mühlenstandorte, wo immer der Wind weht; ein Niagara[fall] in der Luft ohne kanadische Seite[63]; - Nur die Anwendung ist schwer.

---

[62] Im Original sind beide Einzahl, ich habe die Mehrzahl daraus gemacht.

[63] Die Niagarafälle liegen an der Grenze zu Kanada.

38

[18] Es gibt auch die Kräfte der Gezeiten und Wellen, die ständig verebben und fließen, vergehen und zurückfallen, aber sie dienen dem Menschen nur auf wenige Arten. Sie drehen ein paar Gezeitenmühlen[64] und leisten nur ein paar andere unbedeutende und [eher] zufällige Dienste. Wir alle nehmen die Wirkungen der Gezeiten wahr, wie unmerklich sie sich in unsere Häfen und Flüsse schleichen und die schwersten Schiffe ebenso leicht anheben wie den leichtesten Holzsplitter[65]. Alles, was schwimmt, muss sich ihnen beugen. Aber der Mensch, der die ständige Hilfe der Natur nur langsam wahrnimmt, nutzt diese Kraft nur gering und unregelmäßig, in dem er Schiffe kielholt und [um] sie [mit der Hilfe dieser Kraft], wenn sie trocken liegen, wieder ins Wasser zu bringen[66].

---

[64] Gezeitenmühlen gibt es bereits seit dem 7. Jahrhundert. Sie funktionieren wie Wassermühlen. Es wird nach einer Flut das gestiegene Wasser durch einen Damm oder Ähnlichem zurückgehalten. Das Wasser kann dann, nach dem Zurückgehen der Flut, langsam durch eine Schleuse abfließen und ein Wasserrad antreiben.

[65] Im Original nur "*chip*" = "*Splitter*", "*Span*". In der ursprünglichen Version, veröffentlicht in der *Democratic Review*, hieß es "*ship*" = "*Schiff*".

[66] "*Kielholen*" und "*trocken liegen*" meint hier fast dasselbe. Wenn die Ebbe kommt, geht das Wasser weg und die festgemachten Schiffe liegen auf dem Trockenen. Liegen sie auf der Seite, weil sie einen festen Kiel haben, so nennt man das "*kielholen*". Man kann die Schiffe auch mit Hilfe der Flut quasi an Land tragen lassen und sie anschließend, mit der nächsten Flut, wieder zurücktragen lassen.

[Die Kraft des Wassers]

1 Inch/Zoll	2,54 cm
1 Fuß	30,48 cm
1 Yard	91,44 cm
1 Meile	1,61 km
1 Quadratzoll	6,45 cm²
1 Quadratfuß	929 cm²
1 Quadratyard	0,836 m²
1 Quadratmeile	2,59 km²
1 Root (Viertelmorgen)	1,01 m²
1 Morgen	4,05 m²

Tabelle 2: Einheiten (Tabelle von C. Schieferdecker)

[19] Das Folgende sind Herr Etzlers Berechnung in diesem Zusammenhang: Um eine Vorstellung von der Kraft zu erhalten, die die Flut bietet, stellen wir uns eine Fläche von 100 Quadratmeilen oder 10.000 Quadratmeilen vor, auf der der Wasserstand auf Grund der Gezeiten steigt und sinkt[67]. Wie viele Männer würde es erfordern, ein Becken mit einer Fläche von 10.000 Quadratmeilen und einer Tiefe von 10 Fuß, gefüllt mit Meerwasser, in 6¼ Stunden zu leeren und es gleichzeitig wieder zu füllen? Da ein Mann 8 Kubikfuß Meerwasser pro Minute - und somit 3.000 [Kubikfuß] in 6¼ Stunden - aufschütten[68] kann, würde man 1.200.000.000 Männer, oder,

---

[67] Im Original: "*auf der die Gezeiten im Durchschnitt steigen und sinken*" Die Gezeiten steigen nicht. Der Wasserstand jedoch hebt und senkt sich, auf Grund der Gezeiten. Deshalb habe ich es etwas abgeändert und frei übersetzt.

[68] Im Original: "*raise*", also *erhöhen, anheben*

da sie nur die Hälfte der Zeit arbeiten könnten, 2.400.000.000 [Männer] für 3.000.000.000.000 Kubikfuß [Wasser] oder für die gesamte erforderliche Menge in der gegebenen Zeit benötigen.

[20] Diese Kraft kann auf verschiedene Weise eingesetzt werden. Ein großer schwimmender Körper aus den schwersten Materialien[69] kann zunächst durch sie [, die Wasserkraft,] angehoben werden, und dann am Ende einer Waage[70] befestigt werden, die vom Land oder von einer am Boden befestigten stationären Stütze reicht. Wenn die Flut fällt, kommt das gesamte Gewicht [des schwimmenden Körpers] auf das Ende der Waage zu tragen. Wenn die Flut ansteigt, kann sie auch dazu gebracht werden, eine nahezu gleiche Kraft in die entgegengesetzte Richtung auszuüben. Sie kann überall dort eingesetzt werden, wo ein Point d'appui[71] erreicht werden kann.

---

[69] Wörtlich bedeutet die Übersetzung etwa: "*Ein großer Körper aus den schwersten Materialien, der schwimmen wird*"

[70] Im Original: "*balance*", das kann ein Gegengewicht sein oder eine Waage. Es geht wohl um eine waageähnliche Apparatur mit einem Gegengewicht, an das der schwere Gegenstand befestigt wird und der dann, beim Sinken des Wasserstandes, die Waage kippen lässt und durch diese Kraft etwas hochhebt, beziehungsweise bewegt.

[71] Ein *Point d'appui* ist ein Drehpunkt, eine Stelle, an der etwas umgekehrt werden kann.

[Die Bebauung der Meere]

[21] "Jedoch, da die Nutzung[72] der Gezeiten durch auf dem Boden fixierte Einrichtungen geschieht, ist es natürlich, mit ihnen in der Nähe der Küsten in seichtem Wasser und auf Sand zu beginnen, diese Einrichtungen] können [dann] allmählich weiter ins Meer ausgedehnt werden. Die Küsten des Kontinents, die Inseln und die Sandbanken sind im Allgemeinen von seichtem Wasser umgeben, das eine Tiefe von 50 bis 100 Klafter[73] nicht überschreitet, und zwar über 20, 50 oder 100 Meilen und mehr. Die Küsten Nordamerikas mit ihren ausgedehnten Sandbänken, Inseln und Felsen können für diese Aufgabe leicht einen Boden von etwa 3.000 Meilen Länge und im Durchschnitt 100 Meilen Breite oder 300.000 Quadratmeilen hergeben, was bei einer Leistung von 240.000 Mann pro Quadratmeile, wie angegeben, bei einer Tide von 10 Fuß, 72.000 Millionen Mann entspricht oder für jede Meile Küste, einer Leistung von 24.000.000 Mann."

[22] "Flöße, von beliebiger Ausdehnung, auf dem Boden des Meeres befestigt, entlang der Küste, die sich bis weit in das Meer erstrecken[74], können mit fruchtbarem Boden bedeckt werden, mit Gemüse

---

[72] Eigentlich im Original: *"The application of the tide"* = *"die Anwendung der Gezeiten"*

[73] Klafter war kein einheitliches Maß. Meist betrug ein Klafter etwa 1,80 Meter.

[74] Im Original: *"and stretching far into the sea"* = *"und sich bis weit in das Meer erstreckend"*

und Bäumen jeder Art, die schönsten[75] Gärten
[könnten so entstehen], gleich denen des Fest-
lands[76], und Gebäude und Maschinen [können
gebaut werden], die nicht nur auf dem Meer, wo sie
sind, arbeiten können, sondern die auch, durch
mechanische Verbindungen, ihre Tätigkeiten[77] für
viele Meilen in den Kontinent [hinein] verlängern
können. (Etzler's Mechanical System, Seite 24.) So
kann diese Macht[78] den künstlichen Boden für viele
Meilen auf der Oberfläche des Meeres, in der Nähe
der Ufer, und für mehrere Meilen das trockene Land
entlang der Küste, in der höchsten vorstellbaren
überlegenen Art und Weise kultivieren; sie kann
Städte entlang der Küste bauen, bestehend aus den
herrlichsten Palästen, jeder von Gärten und den
schönsten Landschaften umgeben; sie kann die
Hügel und Unebenheiten ebnen, oder Erhebungen
schaffen, um die offene Aussicht in das Land und
auf das Meer zu genießen; sie kann das unfrucht-
bare Ufer mit fruchtbarem Boden bedecken und
dasselbe auf verschiedene Weise verschönern; sie

---

[75] Im Original: *"finest"* = " die feinsten", "die schönsten"

[76] Eigentlich *"equal to those the firm land may admit of"*. Das
"admit of" im Sinne von *"zulassen"*, *"zugeben"*, etc. macht
hier keinen Sinn und ist im Deutschen auch nicht nötig.

[77] Im Englischen: *"operations"*, was *"Betrieb"*, *"Vorgang"*,
"Tätigkeit" bedeutet.

[78] Mir ist nicht ganz klar, worauf sich *"diese"* bezieht. Im Original heißt es *"this power"*. Er könnte sich auf die Energie, die
Kraft oder auf seine Maschinen, die er zuvor beschreibt,
beziehen. Das Wort *"Macht"* hat eine gewisse Neutralität, so
dass jede/jeder selbst entscheiden kann, was mit *"Macht"*
genau gemeint ist.

kann das Meer von Untiefen befreien und den Zugang an Land erleichtern, nicht nur für Schiffe, sondern auch für große schwimmende Inseln, die aus fernen Teilen der Welt kommen und dorthin [auch wieder zurück] fahren können, Inseln, die jedes Gut und jede Sicherheit für ihre Bewohner haben, die das feste Land bietet."

[23] "So kann eine Energie, die aus der Schwerkraft des Mondes und des Ozeans stammt, die bisher nur Objekte der eitlen Neugier für den gelehrsamen Menschen sind, außerordentlich dienstbar gemacht werden für die Schaffung der schönsten Wohnsitze entlang der Küsten, wo die Menschen gleichzeitig alle Vorteile des Meeres und des trockenen Landes genießen können; die Küsten können von nun an ununterbrochene paradiesische Ränder zwischen Land und Meer sein, überall dicht bevölkert[79]. Die Ufer und das Meer entlang werden ihnen nicht mehr, wie jetzt, als rohe [schwer zugängliche] Natur präsentiert, sondern überall mit leichtem und bezauberndem Zugang, nicht einmal durch das Brausen der Wellen belästigt, so geformt, wie es für die Zwecke ihrer Bewohner passt; das Meer wird überall von jedem Hindernis für den freien Durchgang befreit sein, und seine Produktion an Fischen und so weiter wird in großen, geeigneten Behältern gesammelt werden, um sie den Bewohnern der Küsten und des Meeres zu präsentieren."

---

[79] Im Original steht "*crowded with the densest population*" = "*bevölkert mit der dichtesten Bevölkerung*".

[24] Wahrlich, das Land würde bei der Spring- und Nippflut[80] ein geschäftiges Aussehen tragen, und diese Inselschiffe, diese *terrae infirmae*[81], [diese unbefestigten Landmassen,] die die Fabeln des Altertums verwirklichen[82], beeinflussen unsere Fantasie. Wir haben oft gedacht, dass der geeignetste Ort für eine menschliche Behausung am Rande des Landes wäre, dass dort der ständige Unterricht durch das Meer und der Eindruck des Meeres tief in das Leben und den Charakter des Landmanns eindringen und seiner Fantasie vielleicht eine maritime Färbung verleihen könnte. Es ist ein edles Wort, dieses *"Seemann"*[83] - einer, der mit der See vertraut ist. Es sollte mehr von dem, was es bedeutet, in jedem von uns sein. Es ist ein würdiges Land, dem wir angehören - wir wollen sehen, dass er es nicht entehrt. Vielleicht sollten wir gleichermaßen See-

---

[80] Spring- und Nippflut sind beide Extreme. Bei der Springflut ist der Unterschied zwischen Ebbe und Flut besonders hoch, bei der Nippflut ist er besonders niedrig. Beides wird durch die besondere Konstellation von Erde und Mond zu jeweils diesen Zeiten verursacht.

[81] Latein: *unbefestigtes Land* oder im weitesten Sinne: *schwimmende Inseln* (siehe Fußnote 82).

[82] Eine der sagenumwobenen schwimmenden Inseln ist *Delos* (Griechenland). Auf dieser bekam Hera, die Gattin des Zeus, ihren Sohn Leto, anschließend wurde die Insel von Poseidon (dem Bruder des Zeus) an vier diamantenen Säulen befestigt. Eine weitere schwimmende Insel in der griechischen Mythologie ist *Aiola*, die als Sitz des Windgottes *Aiolos* galt.

[83] Im Englischen: *"mariner"*, was wörtlich übersetzt *"Meerer"* bedeuten könnte.

fahrer und Landbewohner[84] sein, und sogar unsere Green Mountains[85] brauchen etwas von diesem Meeresgrün, um sich mit ihnen zu vermischen.

[25] Die Berechnung der Energie der Wellen ist weniger zufriedenstellend. Während zuvor nur die durchschnittliche Kraft des Windes und die durchschnittliche Höhe der Flut genommen wurden, wird jetzt die extreme Höhe der Wellen verwendet, indem behauptet wird[86], dass sie [die Flut] sich zehn Fuß über den Meeresspiegel erhebt, wenn man zu den zehn [Fuß] zehn weitere [Fuß] für ein Tiefdruckgebiet[87] hinzufügt, haben wir zwanzig Fuß als die extreme Höhe einer Welle. In der Tat wird die Kraft der Wellen, die durch den Wind erzeugt wird, der schräg und unvorteilhaft[88] auf das Wasser bläst[89], nicht nur dreitausend mal größer als die der Gezeiten, sondern hundertmal größer als die des

---

[84] Hier macht Thoreau ein Wortspiel, das man leider nicht übersetzen kann; er spricht im Original von "*mariners and terreners*", was man frei als "*Meerer und Landler*" übersetzen könnte. Er wollte ein Wort für Menschen auf dem Land schaffen, das dem Begriff "*mariner*" entspricht.

[85] Die *Green Mountains* sind eine Gebirgskette in Vermont, nördlich von Massachusetts.

[86] Im Original: "*they are made*" = "*sie werden gemacht*" im Sinne von "*es wird behauptet*" oder "*es wird angegeben*".

[87] Im Original: "*depression*". Ich nehme an, dass er 10 Fuß durch Ebbe und Flut und weitere 10 durch den Wind, da ein Tiefdruckgebiet immer Winde erzeugt, annimmt.

[88] Im Original: "*disadvantage*", was "*Nachteil*" bedeutet, doch hier keinen Sinn ergibt. Auch "*unvorteilhaft*" macht die Bedeutung nicht klarer, ist aber im Deutschen besser. Wahrscheinlich ist es aus der Sicht eines Seefahrers nicht sehr gut, wenn dies geschieht. Siehe auch Fußnote 89.

Windes selbst, der sein Objekt im rechten Winkel trifft. Außerdem wird diese Kraft durch die Fläche des Schiffes[90] gemessen, und nicht hauptsächlich durch seine Länge, und es scheint vergessen [zu werden], dass die Bewegung der Wellen hauptsächlich wellenförmig ist, und [somit] eine Kraft nur innerhalb der Grenzen einer Schwingung ausübt, sonst wären die äußersten Kontinente, mit ihren umfangreichen Küsten, bald [hilflos] den Wellen überlassen[91].

[Die Energie der Sonne]

[26] Schließlich gibt es die Energie, die aus dem Sonnenschein nach dem Prinzip erlangt werden kann, nach dem Archimedes seine brennenden Spiegel erfunden hat, eine Multiplikation von Spiegeln, die die Sonnenstrahlen auf die selbe Stelle reflektie-

---

89   Weiter oben, Absatz [12] auf Seite 34, schreibt Henry Thoreau:
   "Denn, da der Wind die Erde in der Regel in einem Winkel von mehr als zwei Grad trifft, was auf Grund von Beobachtung seiner Wirkung auf dem hohen Meer einleuchtet, erlaubt es sogar eine engere Annäherung."
   Dies könnte er als *"schräg und unvorteilhaft"* bezeichnen.

90   Im Original: *"area of the vessel"*. *"Vessel"* ist ein Schiff, aber auch ein Fahrzeug.

91   Im Original: *"would soon be set adrift"*. Wahrscheinlich meint er, dass die Strände und Küsten durch die Kraft der Wellen sich vom Land lösen und abgetrieben werden würden, wenn die Kräfte anders wären. *"Adrift"* bedeutet auch *"herrenlos"* und *"treibend"*.

ren, bis der erforderliche Wärmegrad erreicht ist. Die Hauptanwendung dieser Kraft wird das Kochen von Wasser und die Erzeugung von Dampf sein.

[27] "Wie man auf schwimmenden Inseln inmitten des Ozeans Rinnsale mit süßem und gesundem Wasser erzeugt, wird jetzt kein Rätsel mehr sein. Meerwasser, das in Dampf umgewandelt wird, wird zu süßem Wasser destilliert, wobei das Salz auf dem Grund zurückbleibt. So werden die Dampfmaschinen auf schwimmenden Inseln, für ihren Antrieb und andere mechanische Zwecke, gleichzeitig zur Destillation von süßem Wasser dienen, das, in Becken gesammelt, durch Kanäle über die Insel geleitet werden kann, während es, wo erforderlich, durch künstliche Mittel gekühlt und in kühles Wasser umgewandelt werden kann, das an Salzgehalt das beste Quellwasser übertrifft, weil die Natur kaum jemals Wasser so rein und ohne Beimischung von weniger gesunden Stoffen destilliert."

[28] So viel zu diesen wenigen und offensichtlichen Kräften, die bereits in geringem Umfang genutzt werden. Aber es gibt unzählige andere [Kräfte] in der Natur, nicht beschrieben und noch nicht entdeckt. Diese [bereits bekannten Kräfte] jedoch, werden erst einmal für die Gegenwart genügen. Das wäre [so], als würden wir die Sonne und den Mond gleichermaßen zu unseren Satelliten machen. Denn so, wie der Mond die Ursache der Gezeiten ist und die Sonne die Ursache des Windes, welche [beide]

wiederum die Ursachen für die Wellen sind, würde die ganze Arbeit dieses Planeten durch diese weitreichenden Einflüsse durchgeführt werden.

[Die dauerhafte Nutzbarmachung der Kräfte]

[29] "Aber da diese Kräfte sehr unregelmäßig sind und häufig unterbrochen werden, ist es das nächste Ziel zu zeigen, wie sie in Kräfte umgewandelt werden können, die kontinuierlich und gleichmäßig für immer arbeiten, bis die Maschinen abgenutzt sind, oder, mit anderen Worten, [wie sie] in ewige Bewegungen [umgewandelt werden können]" ... *"Bisher wurde die Kraft des Windes direkt auf die Maschinen für den [sofortigen] Einsatz angewendet, und wir haben auf die Möglichkeit [ihrer Anwendung] warten müssen, bis der Wind weht; während der Betrieb gestoppt wurde, sobald der Wind aufhörte zu wehen. Aber die Art und Weise der Anwendung dieser Kräfte, die ich im Folgenden angebe, macht es möglich, sie nur für das Sammeln oder Speichern von Energie arbeiten zu lassen, und dann [diese Energie] aus diesem Speicher zu nehmen, zu jeder Zeit, so viel wie für den endgültigen Betrieb der Maschinen benötigt wird. Auf die gespeicherte Energie kann so zurückgegriffen werden[92], wie erforderlich, und dies kann man tun, lange nachdem die ursprüngliche Kraft des Windes aufgehört hat [zu wirken]. Und wenn der Wind für Intervalle*

---

[92] Im Original: *"is to react"*, was eher *"kann so angesprochen werden"* bedeutet.

von vielen Monaten aufhören sollte, können wir durch die gleiche [gespeicherte] Energie eine gleichmäßige ewige Bewegung auf eine sehr einfache Weise haben."

[Das Wasserspeicherkraftwerk]

[30] "Das Gewicht einer Uhr, die aufgezogen wird, gibt uns ein Bild dieser Funktionsweise[93] [der Energieerhaltung]. Das Absinken des Gewichts ist die Reaktion auf das Aufziehen. Es ist nicht notwendig, zu warten, bis es nach unten gelaufen ist, bevor wir das Gewicht wieder hochziehen[94], aber es kann jederzeit hochgezogen werden, teilweise oder ganz; und wenn wir es immer tun, bevor das Gewicht den Boden erreicht, wird die Uhr ewig gehen. In einer ähnlichen [Weise], wenn auch nicht in der gleichen Weise, können wir eine Reaktion in einem größeren Maßstab verursachen. Wir können, zum Beispiel Wasser durch

Standuhr mit Gewichten und Pendel ((c) public domain)

die unmittelbare Anwendung von Wind oder Dampf zu einem Teich auf einer Erhebung transportieren[95], aus dem [, dem Teich,] kann dann durch einen Aus-

---

93 Im Original "reaction" = "Reaktion".

94 Im Original "wind up", was eher "aufziehen" oder "hochdrehen" heißt. Doch wir ziehen im Deutschen eine Uhr auf, das Gewicht jedoch ziehen wir hoch. Hier wird das Prinzip einer alten Standuhr beschrieben.

95 Im Original "raise", also "hochheben"

51

*lass [das Wasser] auf ein Rad oder eine andere
Vorrichtung fallen, die Maschinen zum Bewegen
bringt,. Auf diese Weise können wir Wasser in
einem ansehnlichen Teich speichern und aus diesem
Speicher zu jeder Zeit so viel Wasser durch den
Auslass entnehmen, wie wir verwenden wollen,
wodurch die ursprüngliche Kraft noch viele Tage
nach ihrem Ende wirken kann." ... "Solche Reser-
voirs von mäßiger Höhe oder Größe müssen nicht
künstlich gemacht werden, sondern werden von der
Natur ständig gemacht und erfordern wenig Hilfe
für ihre Fertigstellung. Sie erfordern keine Regel-
mäßigkeit der Form. Jedes Tal mit niedriger
gelegenen Ebenen in seiner Nähe würde den Zweck
erfüllen. Kleine Klüfte können aufgefüllt werden.
Solche Orte können für den Beginn von Unterneh-
mungen dieser Art geeignet sein."*

[31] Je größer die Höhe, natürlich, desto weniger
Wasser [ist] erforderlich. Aber nehmen wir ein ebe-
nes und trockenes Land an; dann müssen Hügel und
Tal und *"ein ansehnlicher Teich"* mit Hilfe der pri-
mären Kraft gebaut werden; oder, wenn die Quellen
ungewöhnlich niedrig sind, dann können Schmutz
und Steine verwendet werden, und der Nachteil der
Reibung wird durch ihre größere Schwerkraft aus-
geglichen werden[96]. Durch solche künstlichen Tei-

---

[96] Hier bin ich mit meinem Latein am Ende. Im Original heißt
der Satz: *"if the springs are unusually low, then dirt and
stones may be used, and the disadvantage arising from friction will be counterbalanced by their greater gravity".*
Warum ich Erde und Steine verwenden soll - und vor allem
wie ich sie verwenden soll - ist nicht ganz klar.

che [zur Wasserspeicherung] soll auch kein einziges Stück[97] trockenes Land verloren gehen, denn ihre Oberflächen *"können mit Flößen bedeckt werden, die mit fruchtbarer Erde und allen Arten von Gemüse bedeckt sind, die dort ebenso gut wachsen können, wie an jedem anderen Ort."*

[Der Wärmespeicher]

[32] Und schließlich kann, durch die Verwendung von dicken Hüllen, die die Wärme zurückhalten, und [durch] andere Vorrichtungen, *"die Energie des Dampfes, der durch Sonnenschein erzeugt wird, nach unserem Wunsch verwendet werden[98], und so*

Meine erste Vermutung ist, dass er den Wasserstand eines natürlichen Teiches (denn dieser wird durch eine Quelle = *spring* gebildet) dadurch erhöhen möchte, dass er ihn mit Steinen und Erde auffüllt. Doch welche Reibung (*friction*) meint er dann?

Allerdings könnte (Vermutung 2) *"springs"* auch die Spring-flut sein, die, wenn sie niedrig ist, wenig Energie erzeugt. Doch wozu dann *"dirt and stones"*? Und auch hier: Welche Reibung?

Vermutung 3 (in Kombination mit Nummer 1) erfüllt alle Bedingungen, ist aber in der Durchführung Quatsch: Möchte er vielleicht statt reinem Wasser, Wasser vermischt mit Steinen und Erde fallen lassen? Das würde bezüglich der Reibung Sinn machen - aber auf ein Wasserrad?

[97] Im Original: *"not a single rood"*. Ein *"rood"* ist ein Viertel-morgen Land, was etwa 625 Quadratmetern entspricht. *"Not a single rood"* heißt also wörtlich *"kein einziger Viertelmor-gen"*.

[98] Im Original: *"react"* = *"reagieren"* oder wörtlich *"zurück handeln"*

dauerhaft [nutzbar] gemacht werden, egal wie oft oder wie lange der Sonnenschein unterbrochen wird. (Etzler's Mechanical System)[99]."

[33] Hierbei entsteht genug Energie, könnte man denken, um etwas zu erreichen. Dies sind die zuvor genannten Energien. Oh, ihr Mühlenbauer, ihr Ingenieure, ihr Arbeiter und Spekulanten jeder Klasse, beschwert euch nie wieder über einen Mangel an Energie; das ist die gröbste Form der Untreue. Die Frage ist nicht, wie wir [etwas] ausführen sollen, sondern was. Lasst uns nicht geizig mit dem umgehen, was uns so großzügig angeboten wird.

[Die Veränderung der Landschaft durch Maschinen]

[34] Bedenken Sie, welche Umwälzungen in der Landwirtschaft vorgenommen werden sollen. Zuerst soll sich im neuen Land eine Maschine fortbewegen, die Bäume und Steine in jeder gewünschten Tiefe herausnimmt und sie zu bequemen Haufen auftürmt; dann soll dieselbe Maschine *"mit einer kleinen Veränderung"* den Boden perfekt planieren, bis es weder Hügel noch Täler gibt, und die erforderlichen Kanäle, Gräben und Straßen anlegen, während sie fortfährt. Die gleiche Maschine, *"mit*

---

[99] Diese Klammern und ihr Inhalt sind auch in der Originalschrift von Etzler vorhanden. Thoreau zitiert hier also korrekt. Er kritisiert, dass er *"Das Mechanische System"* nicht kennt, weshalb er diese Hinweise von Etzler wahrscheinlich mit aufgenommen hat, um auf dieses Problem nochmals hinzuweisen.

einigen anderen kleinen Änderungen", ist dann dazu
da, den Boden gründlich zu sieben, oder fruchtbaren
Boden von anderen Orten zu liefern, wenn
gewünscht, und ihn zu bepflanzen; und schließlich
[kann] die gleiche Maschine, *"mit einem kleinen
Zusatz"*, mähen und das Getreide einsammeln, es
dreschen und mahlen, oder zu Öl zu pressen, oder
es für jede andere Art und Weise der endgültigen
Verwendung vorbereiten. Zur Beschreibung dieser
Maschinen werden wir auf *"Etzlers Mechanisches
System, Seite 11 bis 27"* verwiesen. Wir würden uns
freuen, dieses *"Mechanische System"* zu sehen, da
wir nicht feststellen konnten, ob es bereits veröffentlicht wurde oder nur im Entwurf des Autors
existiert[100]. Wir haben großes Vertrauen in dieses.
Aber wir können jetzt nicht auf die [erfolgreichen]
Anwendungen [der dargestellten Maschinen] warten[101].

*[35] "Jede Wildnis, selbst die hässlichste und ste-
rilste, kann in die fruchtbarsten und reizvollsten
Gärten verwandelt werden. Die düstersten Sümpfe
können von all ihrem spontanen Wachstum befreit,
aufgefüllt und eingeebnet werden, und von Kanälen, Gräben und Aquädukten durchschnitten werden, um sie vollständig zu entwässern. Falls erfor-*

---

[100] Etzlers *"Mechanical System"* wurde 1841 veröffentlicht (Etzler 1841). Eventuell hatte die Bücherei oder Bibliothek, von
welcher Henry Thoreau die Bücher auslieh, dieses Exemplar
noch nicht.

[101] Im Original heißt der Satz: *"But we cannot stop for applicati-
ons now." "To stop for"* ist *"etwas nicht zu tun um auf etwas
zu warten."*

derlich, kann der Boden durch Bedecken oder Mischen mit reicher Erde von entfernten Orten verbessert werden und die gleiche [Erde] kann zu feinem Staub umgewandelt[102], geebnet, von allen Wurzeln, Unkräutern und Steinen gesiebt, und [anschließend] in der schönsten Ordnung und Symmetrie mit Obstbäumen und Gemüsen jeder Art, die das Klima ertragen können, besät und bepflanzt werden."

---

[102] Im Original: "mouldered", was auch "vermodert", "verrottet" oder "verkümmert" heißt.

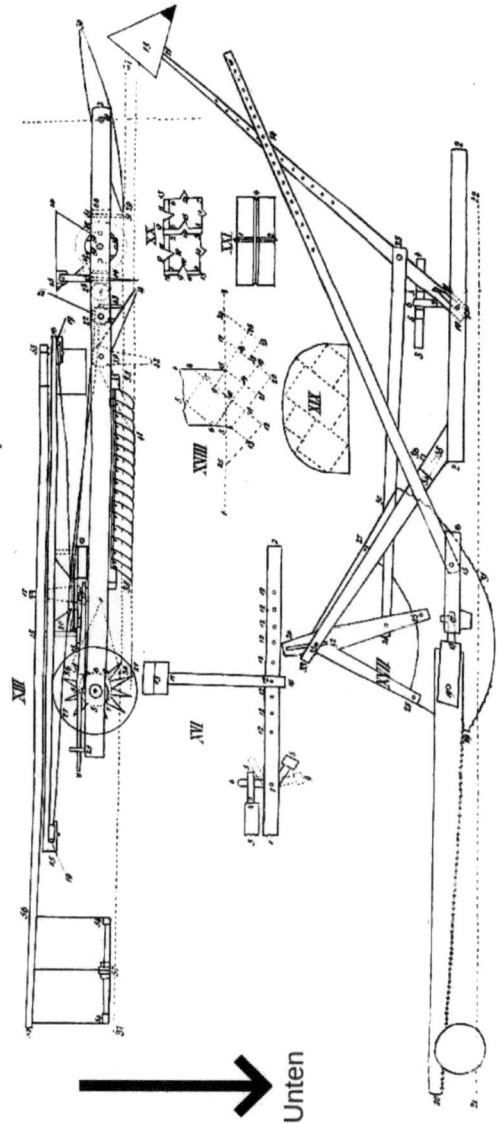

Ein Teil von Etzlers Maschine, die er als Zeichnung seinem Buch beigelegt hat.

[Neue Fortbewegungsmittel]

[36] Neue Einrichtungen für Transport und Fortbewegung werden eingeführt werden:

[37] "Große und geräumige Fahrzeuge, die viele tausend Tonnen tragen können und über besonders geeignete ebene Straßen mit einer Geschwindigkeit von vierzig Meilen pro Stunde[103] oder tausend Meilen pro Tag fahren, können Menschen und Dinge, kleine Häuser und alles, was für Komfort und Bequemlichkeit dienen kann, auf dem Landweg transportieren. Schwimmende Inseln, konstruiert aus Holzscheiten oder aus Holzmaterial (die in ähnlicher Weise verarbeitet werden, wie Steine)[104] und aus lebenden Bäumen (die so aufgezogen werden können, dass sie sich gegenseitig verflechten und das Ganze verstärken)[105], können mit Gärten und Palästen bedeckt und von mächtigen Motoren angetrieben werden, so dass sie mit gleicher Geschwindigkeit [wie die zuvor genannten Landfahrzeuge] über Meere und Ozeane fahren. So kann sich der Mensch mit der Schnelligkeit eines Vogelfluges in irdischen Paradiesen von einem Klima zum anderen bewegen, die Welt in ihrer ganzen Vielfalt sehen und mit fernen Völkern den Überschuss der Produktion austauschen. Die Reise von einem Pol zum anderen kann in vierzehn Tagen erfolgen; der Besuch eines Landes auf der anderen

---

[103] 40 Meilen pro Stunde sind ungefähr 66 km/h.

[104] Die Klammern habe ich zum besseren Verständnis gesetzt. Der Satz darin ist etwas frei übersetzt.

[105] Klammern von mir zum besseren Verständnis gesetzt.

Seite des Meeres[106] in ein oder zwei Wochen; oder eine Reise um die Welt in ein oder zwei Monaten zu Land und zu Wasser. Und warum jedes Jahr einen trostlosen Winter verbringen, wenn es noch genug Platz auf dem Erdball gibt, wo die Natur mit einem immerwährenden Sommer und mit einer viel größeren Vielfalt und Üppigkeit der Vegetation gesegnet ist? Mehr als die Hälfte der Oberfläche des Erdballs hat keinen Winter. Die Menschen werden es in der Hand haben, alle schlechten Einflüsse des Klimas zu beseitigen und zu verhindern, und auf ewig nur die Temperatur zu genießen, die ihrer Konstitution und ihrer Stimmung am besten entspricht."

[Science-Fiction à la Thoreau]

[38] Wer weiß, wenn wir die Energie bis zum Ende des gegenwärtigen Jahrhunderts sammeln[107], und inzwischen nur die kleinste Menge[108] verbrauchen, dabei alles, was weht, alles, was scheint, alles, was ebbt und fließt, all diese Energien[109] sammeln,

---

[106] Im Original: "*transmarine*". Da Fremdwörter nicht jedermanns Sache sind, habe ich es eingedeutscht.

[107] Thoreau spricht hier meist von "*accumulate*", was er hier eher im Sinne von "*aufstauen*" verwendet, doch ich entschied mich für "*sammeln*" und habe diese Bedeutung dann auch in den weiteren Sätzen so übernommen. "*Sammeln*" ist etwas neutraler und macht die Sätze zueinander stimmiger.

[108] Im Original steht eigentlich "*allowance*" = "*Zugabe*", im Sinne von "*wenn wir also nur wenig von dem, was wir zugeben, verwenden*".

[109] Hier steht im Original "*dashes*", was auch "*Energien*" bedeutet, doch sind es eher "*kleine Energien*"

[dann] hätten wir eventuell eine so große angesammelte Energie, um die Erde aus ihrer Bahn in eine neue Umlaufbahn zu bewegen[110], einige Sommer lang, und die langweiligen Wechsel der Jahreszeiten zu ändern? Oder vielleicht werden kommende Generationen den Zerfall des Erdballs nicht ertragen, sondern unter Ausnutzung künftiger Erfindungen zur Fortbewegung in der Luft und der Navigation im Weltraum die gesamte Rasse von der Erde abwandern lassen, um einen freien und westlicheren Planeten zu besiedeln[111], der vielleicht noch gesund ist, vielleicht nicht erdähnlich, vielleicht nicht aus Erde und Steinen besteht, dessen Urgebirge nur bestreut ist[112] und auf dem kein Unkraut gesät wurde. Es brauchte nur wenig Kunstfertigkeit[113], eine einfache Anwendung der Naturgesetze, ein

---

[110] Eigentlich steht hier *"in einer neuen Umlaufbahn laufen zu lassen"*, doch ich fand diese, etwas freie Übersetzung, stimmiger.

[111] In den USA zogen die Siedler nach Westen um dort neues Land zu besiedeln, da es - von der Ostküste aus gesehen - im Westen noch viel unerschlossenes Land gab. Einen *"westlicheren Planeten zu besiedeln"* bedeutet also, noch weiter in den *"Westen"* (= ins unbewohnte Land) zu ziehen, als bisher.

[112] Im Original: *"whose primary strata only are strewn"*. *"Primary Strata"* sind *"primäre Schichten"*, *"primary strata"* kann man auch mit *"Urgebirge"* übersetzen (Herrmann und Bucksch 2014), was meines Erachtens hier am meisten Sinn ergibt. *"Bestreut"* (*"strewn"*) würde dann bedeuten, dass noch kaum Erde da ist, sich deshalb auch noch kein Unkraut bilden konnte und wir alles auf diesem Planeten machen können, weil sich noch kaum etwas auf ihm entwickelt hat.

[113] Im Original: *"art"*. *"Art"* ist nicht nur die fertige Kunst, sondern auch eine Fähigkeit und ich denke, dass das Wort hier im letzteren Sinne gemeint ist.

Kanu, ein Paddel und ein Segel aus Matten, um die Inseln des Pazifiks zu bevölkern, und ein wenig mehr wird [man benötigen, um] die leuchtenden Inseln des Weltraums [zu] bevölkern. Sehen wir nicht wie einst Kolumbus die Lichter am Firmament, die nachts an der Küste entlang getragen werden?[114] Lasst uns weder verzweifeln noch meutern.

[Wohnsiedlungen und gläserne Wolkenkratzer]

[39] "Auch die Behausungen sollen ganz anders sein als das, was wir kennen, wenn wir den vollen Nutzen aus unseren Mitteln ziehen wollen. Sie sollen von einer Struktur sein, für die wir noch keinen

---

[114] Christoph Columbus sah einst Lichter am Firmament, die er nicht zuordnen konnte:
"Als der Abend dunkel wurde, nahm Columbus seinen Platz auf dem Dach des Kapitänsgemachs oder der Kajüte auf dem hohen Deck seines Schiffes ein, ließ seinen Blick über den düsteren Horizont wandern und hielt eine intensive und unablässige Wache. Gegen zehn Uhr glaubte er, in großer Entfernung ein Licht schimmern zu sehen. Da er fürchtete, seine eifrigen Hoffnungen [auf Land zu treffen] könnten ihn täuschen, rief er Pedro Gutierrez, den Herrn aus dem Schlafzimmer des Königs, und fragte, ob er [gleichfalls] ein solches Licht sehe; was letzterer bejahte. [...] Später sahen sie es ein- oder zweimal in plötzlichem und vorübergehendem Schimmern; als wäre es eine Fackel in der Rinde eines Fischers, die sich mit den Wellen auf- und nieder bewegt; oder [als wäre sie eine Fackel] in der Hand einer Person am Ufer, die von Haus zu Haus auf und ab getragen wird. So vergänglich und unsicher waren diese Schimmer [, die sie sahen], dass wenige ihnen irgendeine Bedeutung beimaßen; Kolumbus betrachtete sie jedoch als Zeichen von Land und darüber hinaus, dass das Land bewohnt war." (Irving 1885, 107, 108)

Namen haben. Sie sollen weder Paläste noch Tempel, noch Städte sein, sondern eine Kombination aus allem, und alles Bekannte übertreffen. Erde kann durch Hitze zu Ziegeln oder sogar verglasten Steinen gebrannt werden, - wir können große Massen jeder Größe und Form zu Stein und verglaster Substanz von größter Haltbarkeit backen, die sogar Tausende von Jahren hält, aus lehmiger Erde oder aus zu Staub gemahlenen Steinen, durch die Anwendung von Brennspiegeln. Dies soll unter freiem Himmel geschehen, ohne andere Vorbereitungen als das Sammeln der [benötigten] Substanz, das Mahlen und Mischen [dieser Substanz] mit Wasser und Zement, das Formen oder Gießen [dieser Substanz] und das Richten des Brennspiegels in der richtigen Größe auf dieselbe. Der Charakter der Architektur soll ganz anders sein als bisher; große feste Massen sollen in einem Stück gebrannt oder gegossen werden, fertig geformt in jeder gewünschten Form. Das Gebäude kann daher aus Säulen bestehen, die zweihundert Fuß hoch[115] sind, von angemessener Dicke und aus einem ganzen Stück verglaster Substanz; riesige Stücke sollen so geformt werden, dass sie sich fest miteinander verbinden und einhaken, durch passende Fugen und Falze, und in keiner Weise nachgeben, ohne zu brechen."

---

[115] 200 Fuß sind etwa 60 Meter.
Im Original: *"high and upwards"*, was übersetzt *"hoch und in die Höhe gehend"* bedeutet. Diese Doppelung habe ich weggelassen.

[40] "Gießereien, gleich welcher Art, sind durch brennende Spiegel zu beheizen und erfordern keine Arbeit, außer der Anfertigung der ersten Formen und der Aufsicht über das Sammeln des Metalls und den Abtransport der fertigen Artikel."

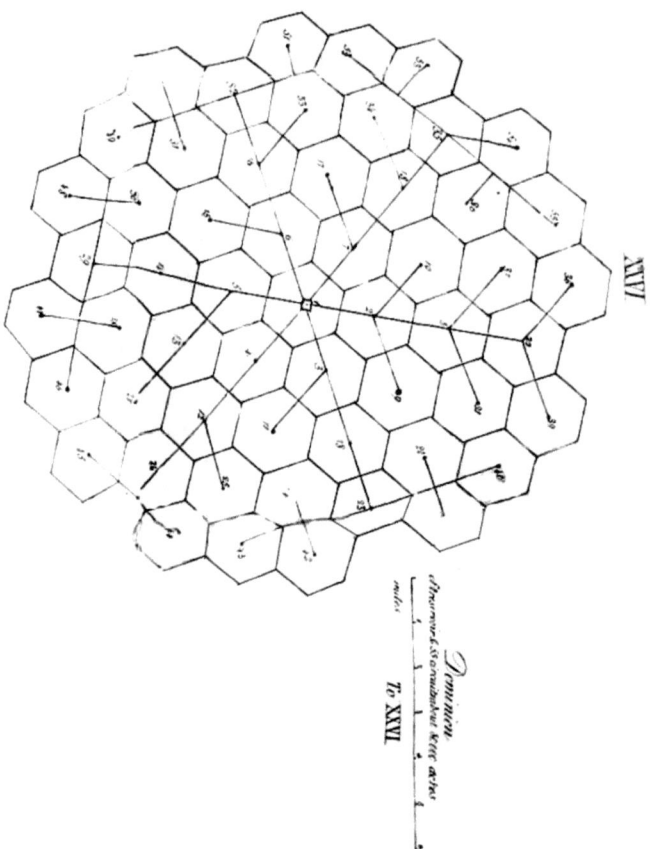

Etzlers Wohnungen (Zeichnung von 1842)

[41] Ach! beim gegenwärtigen Stand der Wissenschaft müssen wir die fertigen Artikel [an uns] vorüberziehen lassen[116]; aber denken Sie nicht, dass der Mensch immer das Opfer der Umstände sein wird.

[42] Der Mensch vom Lande, der die Stadt besuchte und die Straßen mit Ziegeln und Holz vollgestopft vorfand, berichtete, dass sie [, die Stadt,] noch nicht fertig sei, und wer die endlosen Reparaturen und Umgestaltungen unserer Häuser betrachtet, könnte sich durchaus fragen, wann sie fertig sein werden. Aber warum können die Behausungen der Menschen auf dieser Erde nicht ein für alle Mal aus dauerhaftem Material gebaut werden, aus römischem oder etruskischem[117] Mauerwerk, das Bestand hat,

---

[116] Im Original: *"we must take the finished articles away"*. Weg (*"away"*) von was? Und warum? Dieser Satz und der folgende haben mir viel Kopfzerbrechen bereitet.

Seltsame Sätze bedeuten meist, dass Thoreau versucht eine Anspielung einzubauen. Hier vermute ich, dass er sich auf *"Take away this cup from me"* (*"Lass diesen Kelch an mir vorüberziehen"*) aus Markus 14:36 bezieht und entsprechend habe ich es auch übersetzt.

Jesus äußert dies am Tag vor seiner Inhaftierung mit dem Wunsch, er möge nicht das erdulden müssen, was auf ihn zukommt (die Kreuzigung). Bezogen auf Jesus, würde das bedeuten: Wir werden diese *"fertigen Artikel"*, die Etzler beschreibt, wohl nie bekommen. Das Wort *"Opfer"* (*"victim"*) im zweiten Satz würde bezogen auf Jesus Sinn ergeben, da er in gewissem Sinne ein Opfer der Umstände war, allerdings können wir Etzlers Paradies an uns vorüberziehen lassen, wohingegen Jesus seine Kreuzigung nicht verhindern konnte.

[117] Die Etrusker lebten vor den Römern im nördlichen Mittelitalien (u.a. Emillia-Romagna, Toskana und Umbrien) etwa von 1000 bis 100 vor Christus. Mauern und Reste von Gebäuden der Etrusker sind unter anderem in den italienischen Städt-

so dass die Zeit sie nur schmücken und verschönern wird? Warum können wir nicht die äußere Welt für die Nachwelt fertigstellen und ihr die Muße lassen, sich um die innere zu kümmern? Sicherlich könnte man sich um alle groben Notwendigkeiten und Ökonomien[118] in ein paar Jahren gekümmert haben. Alles könnte gebaut und gebacken und gespeichert werden, während dieser [Zeit], die Reifezeit[119] der Welt gegen die leere Ewigkeit, und der Erdball wird wie unsere öffentlichen Schiffe [bei einer Reise] durch den Pazifik, für seine Reise durch den Weltraum versorgt und eingerichtet., während wir "*das Ruder zusammenbinden und vor dem Wind schlafen*" würden, wie diejenigen, die von Lima nach Manila[120] segeln[121].

---

chen Populonia, Fiesole und Volterra zu besichtigen.

[118] Wahrscheinlich sind hier Wirtschaftsschwankungen und Unsicherheiten gemeint. Sich um die Wirtschaft (Ökonomie) zu kümmern, könnte bedeuten, die Wirtschaft zu stabilisieren und Unsicherheiten zu beseitigen.

[119] Cramer (Thoreau und Cramer 2013, 83) weist darauf hin, dass der verwendete Begriff "*term-time*" hier eine Reifezeit (*gestation period*) sein könnte.

[120] Von Peru zu den Philippinen. Dies war die Route der spanischen Schatzschiffe (Browne, Bund, und Boss 1869, Fußnote 16), da die Philippinen einst spanisch waren, nachdem sie von Ferdinand Magellan im Auftrage Spaniens "entdeckt" worden waren.

[121] Der letzte Teil des Satzes ist ein Zitat aus "Letter To A Friend" von Thomas Browne (Browne 1869). Dort heißt es: *"Auf dieser tugendhaften Reise lass keine Enttäuschung Verzagtheit hervorrufen, noch Schwierigkeiten Verzweiflung. Denke nicht, dass du von Lima nach Manila segelst, wo du das Ruder festbinden und vor dem Wind schlafen kannst, sondern erwarte raue See, Flauten und gegensätzliche Böen;*

[Der Kristallpalast]

[43] Aber, um in der Fantasie ein paar Jahre zurück
zu gehen, denken Sie nicht, dass das Leben in diesen Kristallpalästen[122] irgendeine Analogie zum
Leben in unseren heutigen bescheidenen Hütten
haben soll. Weit gefehlt! Gekleidet, einmal für alle
Zeit, in einen *"flexiblen Stoff"*, haltbarer als George
Fox's Anzug aus Leder[123], bestehend aus *"Fasern
von Gemüse"*, [die] miteinander durch einige
"kohäsive Substanzen" *"verklebt"* und zu Laken,
wie Papier, von jeder Größe oder Form, gemacht

---

*und es ist gut, wenn du durch vieles Gegen-den-Wind-Kreu-
zen und durch viele Wenden den Hafen erreichst."*

[122] Interessanterweise wurde der erste sogenannte Kristallpalast
(*"crystal palace"*) erst 1851, also acht Jahre nach der Veröffentlichung dieses Textes von Henry David Thoreau, gebaut,
als Ausstellungsgebäude für die erste Weltausstellung in London. Zuvor baute der selbe "Architekt", Sir Joseph Paxton,
1841 ein gläsernes Gewächshaus, das jedoch nicht als Kristallpalast bezeichnet wurde.

[123] George Fox (1624 - 1691) war einer der Gründer der Quäker.
Er war berühmt als "der Mann mit den Lederhosen". So gibt
es zahlreiche Bilder mit dem Namen *"George Fox and the
Leather Breeches"* (*George Fox und seine Lederhosen*)
(Spence 19. Jhd.) oder *"George Fox Shows His Leather Bree-
ches at Hellett"* (*George Fox zeigt seine Lederhosen bei Hel-
lett*) (Spence o. J.).
Und im George-Fox-Song heißt es:
*"'In my old leather britches and my shaggy, shaggy locks,
I am walking in the glory of the light,' said Fox."* („"George
Fox" | USC Digital Folklore Archives" o. J.).
*"'In meinen alten Lederhosen und meinen struppigen, zotteli-
gen Locken wandle ich in der Herrlichkeit des Lichts', sagte
Fox."*

werden, wird der Mensch die zerfressende Fürsorge[124] und die ganze Schar von Krankheiten weit
hinter sich lassen.

*[44] "Die fünfundzwanzig Säle im Innern des Qua-
drates[125] sollen je zweihundert Fuß im Quadrat und
hoch sein; die vierzig Korridore je hundert Fuß
lang und zwanzig breit; die achtzig Galerien je von
1000 bis 1250 Fuß[126] lang; etwa 7000 Privaträume,
das Ganze umgeben und durchschnitten von den*

---

[124] Im Original steht tatsächlich *"corroding care"* = *"zerfressende Fürsorge"*, wobei man *"care"* auch nur als *"Sorge"*
oder *"Sorgfalt"* übersetzen kann. In Etzlers zukünftiger
Gesellschaft soll niemand mehr Notleiden, also entfällt auch
die Fürsorge.
Henry David Thoreau prangerte schon öfter die schädlichen
Auswirkungen der Fürsorge an, wie zum Beispiel in *"Über
die Pflicht zum Ungehorsam gegen den Staat"*. Dort schreibt
er:
*"Der Amerikaner ist zu einem 'sonderbaren Kauz' [(odd fel-
low)] geschrumpft, [...] seine erste und wichtigste Sorge bei
seiner Ankunft in der Welt [Amerika] ist es, dafür zu sorgen,
dass die Armenhäuser in gutem Zustand sind; und, noch
bevor er rechtmäßig volljährig ist, für einen Fonds zur
Unterstützung der Witwen und Waisen, die es geben könnte,
zu sammeln; kurz gesagt, er wagt es, nur mit der Hilfe der
Versicherungsgesellschaft zu leben, die versprochen hat, ihn
anständig zu beerdigen."* (Thoreau, Emerson, und Schieferdecker 2021, 71,72).
Mit den *"sonderbaren Käuzen"* sind sie *Odd fellows* gemeint,
auf die er auch in Absatz [56] auf Seite 81 Bezug nimmt.
Siehe auch Fußnote 151.

[125] Da es sich hier um einen Kristallpalast handelt, nehme ich an,
dass *"square"* = *"Quadrat"* gemeint ist und nicht *"square"* =
"Platz".

[126] 300 bis 375 Meter.

großartigsten und prächtigsten Kolonnaden[127], die man sich vorstellen kann; Fußböden, Decken, Säulen, mit ihren verschiedenen schönen und fantasievollen Intervallen, die alle leuchten und bis ins Unendliche alle Gegenstände und Personen widerspiegeln, mit prachtvollem Glanz aller schönen Farben und fantasievollen Formen und Bildern. Alle Galerien, außerhalb und innerhalb der Säle, sollen mit vielen tausend bequemen und höchst eleganten Fahrzeugen versehen werden, in denen sich die Personen wie Vögel auf und ab bewegen können[128], in vollkommener Sicherheit und ohne Anstrengung. Jedes Mitglied kann sich alle gewöhnlichen Artikel des täglichen Bedarfs durch eine kurze Drehung einer Kurbel beschaffen, ohne seine Wohnung zu verlassen; es [, jedes Mitglied,] kann sich jederzeit in kaltem oder warmem Wasser baden, oder in Dampf, oder in einem künstlich zubereiteten Likör zur Belebung der Gesundheit. Er [, jeder der dort wohnt,] kann jederzeit die Temperatur der Luft in seiner Wohnung regeln, die seinem Gefühl am besten entspricht. Er kann zu jeder Zeit einen angenehmen Duft verschiedener Art erzeugen. Er kann jederzeit seine Atemluft, den Hauptträger der Lebenskraft, verbessern. So kann der Mensch durch die richtige Anwendung des physikalischen Wissens unserer Tage in einer immerwährenden Gelassenheit des Geistes gehalten werden, und wenn es keine unheilbare Krankheit oder

---

[127] Kolonaden sind Säulengänge, deren Decken nicht gewölbt, sondern flach sind.

[128] Meint er vielleicht Fahrstühle (Aufzüge)?

Defekt in seinem Organismus gibt, [so lebt er] in ständiger kraftvoller Gesundheit, und sein Leben wird über jeden Vergleich zu den heutigen Möglichkeiten hinaus verlängert."

[45] "Ein oder zwei Personen reichen aus, um das Küchengeschäft zu leiten. Sie haben nichts anderes zu tun, als das Kochen zu beaufsichtigen, und auf die Zeit zu achten, wann die Speisen fertig sind, und sie dann mit Tisch und Gefäßen durch eine leichte Handbewegung an einer Kurbel in den Speisesaal oder in die jeweiligen Privatwohnungen zu bringen. Jeder sehr außergewöhnliche Wunsch einer Person kann befriedigt werden, indem man an den Ort geht, wo die Sache zu haben ist; und alles, was eine besondere Vorbereitung beim Kochen oder Backen erfordert, kann von der Person gemacht werden, die es wünscht."

[46] Dies ist einer jener Fälle, in denen das individuelle Genie, wie eigentlich immer, am Ende mit dem universellen übereinstimmt. Dieser letzte Satz hat eine gewisse traurige und nüchterne Wahrheit, die uns an die Schrift aller Völker erinnert. Jede Äußerung der Wahrheit nimmt schließlich diese tiefe ethische Form an. Hier ist der Hinweis auf einen Ort, der der geeignetste von allen im Raum ist, und auf einen Diener, im Vergleich zu dem alle anderen Hilfen in die Bedeutungslosigkeit schwinden. Wir hoffen, bald mehr von ihm zu hören, denn selbst ein Kristallpalast wäre ohne seine unschätzbaren Dienste mangelhaft.

[Die Umgebung des Kristallpalastes]

[47] Und was die Umgebung der Einrichtung betrifft,

[48] *"Von den Privatgemächern, den Galerien, dem Dach, den Türmen und Kuppeln aus werden die schönsten Aussichten geboten - Gärten, so weit das Auge reicht, voller Früchte und Blumen, in der schönsten Reihenfolge angeordnet, mit Fußwegen, Kolonnaden, Aquädukten[129], Kanälen, Teichen, Ebenen, Amphitheatern[130], Terrassen, Brunnen, Skulpturen, Pavillons, Gondeln, Plätzen für öffentliche Vergnügungen usw., um das Auge und die Fantasie, den Geschmack und den Geruch zu erfreuen."* ... *"Die Gehwege und Straßen werden mit harten verglasten großen Platten gepflastert, so dass sie bei jedem Wetter und zu jeder Jahreszeit immer sauber von jeglichem Schmutz sind. ... Die Kanäle, die aus durchsichtigem Material[131] sind, und das perfekt klare filtrierte oder destillierte Wasser, können, wenn erforderlich, die schönsten Szenen bieten, die man sich vorstellen kann, während eine Vielzahl von Fischen klar bis auf den Grund zu sehen ist, die herumspielen, und die Kanäle können zur gleichen Zeit das Mittel bieten, um sanft zwischen verschiedenen Szenerien der Kunst und der Natur in schönen Gondeln entlang zu gleiten, während ihre*

---

[129] Römische Wasserleitungen.

[130] Runde Theatersäle, ohne Dach, nach römischem Vorbild.

[131] Eigentlich *"vitrified substance"* = *"verglaste Substanz"*, doch er meint *"durchsichtig"* oder *"glasartig"*.

Oberflächen und Grenzen mit ausgesuchten[132] Land- und Wasservögeln bedeckt sein können. Die Fußgängerwege können überdachte Säulengänge sein[133], die mit prächtigen Säulen, Statuen und Skulpturen geschmückt sind; alles aus durchsichtigem Material und für die Ewigkeit, während die Schönheiten der Natur ringsum die Pracht und Köstlichkeit erhöhen."

[49] "Die Nacht bietet nicht weniger Freude für Fantasie und Gefühle. Eine unendliche Mannigfaltigkeit großartiger, schöner und fantasievoller Gegenstände und Szenerien, die durch die Beleuchtung des Gaslichts in kristallinem Glanz erstrahlen; die menschlichen Gestalten selbst, gekleidet in die schönste Pracht, die die Fantasie vorschlägt oder das Auge begehrt, glänzen sogar mit dem Glanz von Stoffen und Diamanten, wie Steine verschiedener Farben, elegant geformt und um den Körper herum angeordnet; alles wird tausendfach in riesigen Spiegeln und Reflektoren verschiedener Formen reflektiert; theatralische Szenen von einer noch unbekannten Größe und Pracht und hinreißenden Illusionen, in denen jeder Mensch entweder Zuschauer oder Schauspieler sein kann; die Spra-

---

[132] Eigentlich im Original *"fine"* = *"fein"*, *"gut"*, *"schön"*. Im Deutschen sagen wir aber auch *"ausgesuchte Ware"*, wenn etwas besonders fein ist oder wertvoll.

[133] Eigentlich *"covered with porticoes"* = *"überdacht mit Säulengängen"*.

*che und die Lieder, die mit Hilfe von[134] Wölbun-
gen[135], die jederzeit in jede Form gebracht werden
können, mit verbessertem Klang[136] widerhallen,
klangvoller und harmonischer als von der Natur
gemacht, die süßeste und eindrucksvollste Harmo-
nie der Musik, erzeugt durch Gesang und Instru-
mente, die zum Teil noch nicht bekannt sind, kann
uns begeistern[137] und mit anderen Vergnügungen
und Wonnen abwechseln. "*

---

[134] Im Original steht nur "*by*", also "*durch*", doch ist das in dieser
Satzkonstruktion im Deutschen etwas seltsam.

[135] Etzler schreibt tatsächlich "*Wölbungen*" (*vaultings*).

[136] Etzler schreibt "*increased sound*", was eigentlich "*erhöhtem
Klang*" bedeutet, aber ich nehme nicht an, dass er hier die
Lautstärke meint, sondern den besseren Klang, sonst würde
es ja einen Höllenlärm in seinem Gebäude erzeugen.

[137] Im Original: "*thrill through the nerves*", was wörtlich etwa
"*durch die Nerven begeistern*" heißt. Zu Henry David Thoreaus Zeiten wusste man, dass man Elektrizität über das Nervensystem durch den Körper leiten kann, doch war wenig
über das Nervensystem bekannt. Luigi Galvani entdeckte vor
1791, dass Froschschenkel zuckten, wenn man durch sie
einen elektrischen Strom fließen lässt (Galvani u. a. 1791).
Deshalb nahm man an, dass Erregungen allgemein über die
Nerven erfolgen. "*Thrill*" bedeutet auch "*erschauern*",
"*erregen*". Erst 1906 erhielten Camillo Golgi und Santiago
Ramón y Cajal gemeinsam den *Nobelpreis für Physiologie
und Medizin* für die Entdeckung des Nervensystems, wobei
Golgi dieses bereits 1886 beschrieb (Golgi und Royal College of Physicians of Edinburgh 1886). Henry David Thoreau
hatte also eine sehr archaische Vorstellung von "Nerven".

[50] *"Nachts werden das Dach und die Innen- und Außenseite des ganzen Quadrates[138] von Gaslicht erhellt, das sich in den Labyrinthen der vielfarbigen, kristallähnlichen Kolonnaden und Gewölben mit einer Brillanz spiegelt, die dem Ganzen einen Glanz von Edelsteinen verleiht, so weit das Auge reicht. Dies sind die zukünftigen Wohnstätten der Menschen." ... "So ist das Leben, das der wahren Intelligenz vorbehalten ist, aber von Unwissenheit, Vorurteilen und dummer Anhänglichkeit an Gewohnheiten zurückgehalten wird." ... "Und so auch das häusliche Leben, das jeder Mensch genießen kann, der daran teilhaben will. Liebe und Zuneigung können dort gefördert und genossen werden, ohne irgendeines der Hindernisse, die sich ihnen in der gegenwärtigen Lage[139] entgegenstellen, [wo andere Menschen ihr Verhalten] schlecht machen und austilgen[140] wollen." ... "Es wäre dann ebenso lächerlich, über die Mittel des Lebens zu streiten und zu zanken, wie jetzt über das Wasser, das man an den mächtigen Flüssen trinken kann,*

---

[138] Etzler benutzt für sein Gebäude zweimal das Wort "square", hier und in Absatz 44 (siehe dazu Fußnote 125). Beide Male habe ich mich für "*Quadrat*" als Übersetzung entschieden, da sein "*square*" geschlossen ist, Wände und eine Decke besitzt, was die Übersetzung als "*Platz*" meines Erachtens ausschließt.

[139] Eigentlich ist es "*the present state of men*" = "*die gegenwärtige Lage der Menschen*".

[140] Im Original "*destroy*" = "*zerstören*", was aber nicht so recht zu "*Verhalten*" passt.

oder über die Erlaubnis, die Luft in der Atmosphäre zu atmen, oder über die Äste[141] in unseren ausgedehnten Wäldern."

[Arbeit, die noch getan werden muss]

[51] So wird das Paradies zurückgewonnen und das alte und strenge Dekret endlich aufgehoben. Der Mensch soll seinen Lebensunterhalt nicht mehr im Schweiße seines Angesichts verdienen. Alle Arbeit soll auf *"ein kurzes Drehen einer Kurbel"* und *"das Wegbringen des fertigen Artikels"* reduziert werden. Aber es gibt eine Kurbel, - oh, wie schwer sie zu drehen ist! Könnte es nicht eine Kurbel auf einer Kurbel geben, - eine unendlich kleine Kurbel? - Das würden wir gerne wissen. Nein, - leider nicht. Aber es gibt eine gewisse göttliche Energie in jedem Menschen, die bisher nur spärlich eingesetzt wird und die man die innere Kurbel nennen kann, - die Kurbel überhaupt, - die Antriebskraft in allen Maschinen, - ganz unentbehrlich für alle Arbeit. Wenn wir doch nur ihre Kurbel in die Hand bekämen! In der Tat kann man sich vor keiner Arbeit drücken. Sie kann auf unbestimmte Zeit aufgeschoben werden, aber nicht unendlich. Auch kann keine wirklich wichtige Arbeit durch Zusammenarbeit oder durch Maschinen erleichtert werden. Kein einziges Teilchen der Arbeit, die jetzt einem Menschen droht, kann unausgeführt gelassen werden. Sie kann

---

[141] Eigentlich steht im Original *"sticks"*, was eher *"Stöcke"* bedeutet, doch im Deutschen ist ein Stock etwas Angefertigtes und Etzler meint die herumliegenden Äste.

nicht wie ein Schakal oder eine Hyäne aus der Umgebung gejagt werden. Sie wird nicht weglaufen. Man kann damit beginnen, die kleinen Äste zu sägen, oder man kann die großen Äste zuerst sägen, aber früher oder später muss man sie beide sägen.

[52] Wir werden uns von diesem gewaltigen Einsatz von Kräften beeindrucken lassen. Wir glauben, dass die meisten Dinge [momentan] noch durch den Einsatz namens Industrie erreicht werden müssen. Wir sind doch eher froh, wenn wir die kleine private, sowohl konstante als auch angesammelte Kraft betrachten, die hinter jedem Spaten auf dem Feld steht. Das ist es, was die Täler leuchten und die Wüsten wirklich blühen lässt. Manchmal, so gestehen wir, sind wir so degeneriert, dass wir mit Vergnügen über die Tage nachdenken, als die Menschen wie Vieh angekettet waren und einen krummen Stock als Pflug zogen. Immerhin waren die großen Interessen und Methoden die gleichen.

[Kosten und Vertrauen]

[53] Es ist ein ziemlich ernster Einwand gegen Herrn Etzlers Pläne, dass sie Zeit, Menschen und Geld erfordern, drei sehr überflüssige und unbequeme Dinge für einen ehrlichen und wohlgesinnten Mann, der sich damit befassen muss. *"Die ganze Welt"*, sagt er, *"könnte daher wirklich in ein Paradies verwandelt werden, und zwar innerhalb von weniger als zehn Jahren, beginnend mit dem ersten Jahr einer Vereinigung zum Zwecke der Kon-*

struktion und Anwendung der Maschinerie." Wir sind uns einer verblüffenden Inkongruenz bewusst, wenn Zeit und Geld in diesem Zusammenhang erwähnt werden. Die zehn Jahre, die vorgeschlagen werden, wären eine langwierige Zeit, wenn jeder Mann auf seinem Posten wäre und seine Pflicht täte, aber eine viel zu kurze Zeit, wenn man sich Zeit dafür nehmen will. Aber dieser Fehler ist keineswegs den Plänen von Herrn Etzler eigen. Es ist viel zu viel Eile und Hektik, und zu wenig Geduld und Zurückgezogenheit, in allen unseren Methoden, als ob etwas in Jahrhunderten vollbracht werden sollte. Der wahre Reformer will weder Zeit noch Geld, noch Zusammenarbeit, noch Ratschläge. Was ist Zeit anderes als der Stoff, aus dem Verzögerung gemacht ist? Und verlassen Sie sich darauf, unsere Tugend wird nicht von den Zinsen unseres Geldes leben. Sie erwartet keine Einnahmen, sondern Ausgaben; sobald wir anfangen, die Kosten zu zählen, beginnen sie, die Kosten. Und was die Ratschläge angeht, so sind die Informationen, die in der Atmosphäre der Gesellschaft schweben, für sie so flüchtig und unbrauchbar wie Spinnweben für die Herkuleskeulen[142]. Es gibt absolut keinen *common sense* [einen von mehreren Menschen gemeinsam erkann-

---

[142] Herkules (Herakles im Griechischen) wird in der römischen Mythologie oft mit einer Keule dargestellt. Ein *"club of Herkules"*, wie es im Original heißt, ist sowohl ein Amulett, das man als Glücksbringer trägt, als auch eine im Osten der USA weit verbreitete Baumart (*Aralia spinosa*). Meine Vermutung: Henry David Thoreau meint hier die Baumart, denn ihnen nützen die Spinnweben auf ihnen nichts.

ten und akzeptierten Sinn][143]; es ist *common non-sense* [gemeinsamer Unsinn]. Wenn wir einen Cent oder einen Tropfen unseres Blutes riskieren sollen, wer soll uns dann beraten? Was uns betrifft, so sind wir zu jung für eine Erfahrung [in diesen Dingen]. Wer ist alt genug? Wir sind durch den Glauben älter

---

[143] Der Begriff *"common-sense"* bezieht sich auf das, worauf sich Menschen gemeinsam einigen würden, auf das, was sie intuitiv (*"sense"*) als ihr gemeinsames natürliches Verständnis empfinden (so die Theorie). Der Begriff wird auch verwendet, um sich auf Überzeugungen oder Aussagen zu beziehen, die nach Meinung des Anwenders nach der Erfahrung der meisten Menschen klug und vernünftig wären. Thomas Reid (1710-1796) entwickelte eine philosophische Denkrichtung, die den *"common-sense"* als Quelle und Rechtfertigungsgrund für philosophisches Wissen ansah. Die sogenannte *"Schottische Schule des common sense"* war in Amerika während des frühen neunzehnten Jahrhunderts, also zur Zeit von Henry David Thoreau, populär.
Thomas Reid veröffentlichte keine Definition des *"common-sense"*, jedoch folgerte er aus diesem mehrere Prinzipien:
-> Prinzipien des *"common-sense"* werden universell geglaubt (mit den offensichtlichen Ausnahmen einiger Philosophen und der Geisteskranken);
-> es ist angemessen, die Leugnung des *common-sense* ins Lächerliche zu ziehen;
-> die Leugnung von Prinzipien des *common-sense* führt zu Widersprüchen.
"Alles Wissen und alle Wissenschaft muss auf Prinzipien aufgebaut sein, die selbstverständlich sind; und von solchen Prinzipien ist jeder Mann, der den common-sense vertritt, ein kompetenter Richter" (Thomas Reid, Werke, hrsg. 1863, S. 422) (New World Encyclopedia contributors 2019).

als durch die Erfahrung[144]. In der Unnachgiebigkeit[145] das Werk zu tun, liegt eine Erfahrung, die alle Lebensweisheiten[146] der Welt wert ist.[147]

[54] "Es wird jetzt klar gesehen werden, dass die Ausführung der Vorschläge nicht für Einzelpersonen geeignet ist. Ob sie [, die Ausführung der Vorschläge,] für die Regierung dieser Zeit angemessen ist, bevor das Thema auf allgemeine Zustimmung trifft[148], ist eine Frage, die zu entscheiden ist; alles, was zu tun ist, ist, nach reiflicher Überlegung vorzutreten, sich laut zu seiner Überzeugung zu bekennen, und Gesellschaften zu bilden. Der Mensch ist nur in Verbindung mit vielen mäch-

---

[144] Meine Vermutung der Bedeutung dieser Sätze: Erfahrung ist etwas, das ich selbst haben muss. Doch Glaubensüberzeugungen sind etwas Überdauerndes, etwas sehr Altes. Als Teil dieser sind auch wir älter, als wenn wir nur Teil unserer Erfahrungen wären. Deshalb kann ein Glaube, eine Überzeugung ein besserer Ratgeber sein, als die Erfahrung.

[145] Im Original: *"unbending of the arm"* = *"Unbeugsamkeit des Armes"* = *"Beim Armdrücken nicht nachzugeben"*.

[146] Im Original: *"maximes"* = *"Maxime"*, *"Lebensweisheiten"*, *"Grundsätze"*, *"Denkansätze"*

[147] Meine Interpretation der letzten Sätze.
Wenn man etwas tun möchte, worin man keine Erfahrung hat, worin niemand Erfahrung hat, dann kann einem auch niemand Ratschläge geben. Man muss sich auf seine Überzeugungen (seinen Glauben) verlassen, sie sind besser oder genauso gut, wie die Erfahrung. Wer sich nicht beirren lässt, weil er ein unerschütterliches Vertrauen hat, hat dadurch einen Schatz, der wertvoller ist, als jede Erfahrung.

[148] Im Original: *"has become popular"* = *"populär geworden ist"*

tig. Nichts Großes, zur Verbesserung seiner eigenen Lage oder der seiner Mitmenschen, kann jemals durch Einzelunternehmungen bewirkt werden."

[55] Ach! das ist die schreiende Sünde des Zeitalters, dieser Mangel an Glauben an die Macht eines [einzelnen] Menschen. Nichts kann bewirkt werden, es sei denn durch einen [einzigen] Menschen.[149] Wer Hilfe will, will alles. Das ist zwar die Bedingung unserer Schwäche, aber es kann niemals das Mittel zu unserer Besserung sein. Wir müssen

---

[149] Thoreau ist der Ansicht, dass etwas nur gelingt, wenn einer eine Idee hat, nicht jedoch, wenn Menschenmassen sich zu einer gemeinsamen Idee (*"common sense"*) zusammentun. So schreibt er in *"Reform and the reformer"* in Absatz 22 bis 24 (Thoreau und Schieferdecker 2021):

"[22] Die großen Wohltäter ihrer Rasse waren einzeln und einmalig und nicht Massen von Menschen. Minerva - Ceres - Neptun - Prometheus - Sokrates - Christus - Luther - Kolumbus - Arkwright. [23] Es gibt keinen Einwand gegen das Handeln in Gesellschaften oder Gemeinschaften, wenn es der Einzelne ist, der die Gesellschaft als sein Instrument benutzt, und nicht die Gesellschaft, die den Einzelnen benutzt. [...]. [24] In jeder Gesellschaft gibt oder gab es wenigstens ein Individuum, ihren Gründer oder Führer, der nicht zu ihr gehörte, der ihr aber das Leben und die Tüchtigkeit verlieh, die sie [, die Gesellschaft, dadurch] hatte. Traurig ist in der Tat der Zustand jener Gesellschaft, [...] die ihres Kopfes - und ihrer Seele - beraubt sind. Doch können die Mitglieder [dieser Gesellschaften] immer noch abstimmen - und [können] gleichsam durch die Kraft des Galvanismus eine krampfhafte Tätigkeit im Körper aufrechterhalten, und das nennen die Menschen [dann] Leben, und erwarten Tugend und Charakter von sinnlosen Nerven und Muskeln. Solche Gesellschaften, werden, da sie das Leben schätzen, auf Dinner- und Teepartys zurückgreifen, damit die Mitglieder nicht noch gänzlich scheitern wegen des ebenfalls [vorhandenen] Wunsches nach einem dicken Bauch."

zuerst allein erfolgreich sein, damit wir unseren Erfolg gemeinsam genießen können. Wir vertrauen darauf, dass die sozialen Bewegungen, deren Zeuge wir sind, auf ein Streben hinweisen, das sich nicht so billig befriedigen lässt. In dieser Sache, die Welt zu reformieren, haben wir wenig Vertrauen in Korporationen; auf diese Weise wurde sie am Anfang nicht aufgebaut[150].

[56] Aber unser Autor ist weise genug zu sagen, dass die Materialien für die Vollendung seiner Zwecke *"Eisen, Kupfer, Holz, vor allem Erde und eine Vereinigung von Männern, deren Augen und Verständnis nicht durch Vorurteile verschlossen sind,"* sind. Ja, letzteres mag das sein, was wir hauptsächlich wollen, - eine Gesellschaft von "sonderbaren Käuzen" ["odd fellows"][151] in der Tat.

---

[150] Im Original: *"not thus was it first formed"*. Ob Henry David Thoreau damit die Schöpfung meint (*"first formed"*) oder nur bis zur bekannten kulturellen Formung zurückgehen will, ist unklar. In der Fußnote zuvor (Fußnote 149) zitierten Absatz 22 in *"Reform and the reformer"* (Thoreau und Schieferdecker 2021), erwähnt er, dass bereits ein Mensch etwas verändern kann - und auch Gott hat die Welt ganz alleine erschaffen. Hätte er lange mit jemandem darüber diskutieren müssen, wäre wohl nie etwas daraus geworden.

[151] Im Original: "Odd Fellows" (= übersetzt *"sonderbare Käuze"*). Wahrscheinlich spricht Thoreau hier *"The Independent Order of Odd Fellows"* an. Dies ist ein Orden, der einst in England gegründet wurde, dann sich von New York aus weiterverbreitete. Zu Thoreaus Zeiten gab es ihn in New York, Baltimore, Pensylvania, Maryland und Massachusetts. (The Sovereign Grand Lodge Independent Order of Odd Fellows 2018) Laut Wikipedia (Wikipedia 2020) sind *"die ethischen Gebote des Ordens [...] 'die Kranken zu besuchen, den Bedrängten zu helfen, die Toten zu bestatten und die Waisen*

[57] *"Kleine Anteile von zwanzig Dollar werden ausreichen,"* - im Ganzen von *"200.000 bis 300.000,"* [Dollar] - *"um die erste Einrichtung für eine ganze Gemeinschaft von 3.000 bis 4.000 Personen zu schaffen".* Am Ende von fünf Jahren werden wir ein Kapital von 200 Millionen Dollar haben, und so wird das Paradies am Ende des zehnten Jahres ganz wiedergewonnen sein. Aber leider sind die zehn Jahre schon verstrichen, und es gibt noch keine Anzeichen von Eden, weil es an den nötigen Mitteln fehlt, um das Unternehmen hoffnungsvoll zu beginnen. Dennoch scheint es eine sichere Investition zu sein. Vielleicht könnten sie [, die Wohneinheiten[152],] zu einem niedrigen Satz gemietet werden, wobei die Immobilie zur Sicherheit mit einer Hypothek belastet wird, und, wenn nötig, könnten sie in jeder Phase des Unternehmens mit dem Inventar aufgegeben werden, ohne Verlust.[153]

---

zu erziehen."'
Siehe dazu auch Fußnote 124 auf Seite 68.

[152] Was hier gemietet werden kann ist nicht ganz klar, da sich dieses *"sie"* (*"they"*) auf nichts bezieht.

[153] Über diesen Satz habe ich lange gegrübelt. Meiner Vermutung nach, sollen die Menschen nur Wohneinheiten mieten um diese jederzeit, ohne Verlust, also ohne zusätzlich Geld zu verlieren, wieder aufgeben zu können. Dennoch muss das Gebäude ja gebaut werden - also hat irgendjemand dennoch einen Verlust und irgendjemand muss das Geld für den Bau vorschießen.

[58] Herr Etzler betrachtet diesen "*Vorschlag*[154] *als einen Prüfstein, um zu versuchen, ob unsere Nation in irgendeiner Weise für diese großen Wahrheiten zugänglich ist, um die menschliche Kreatur zu einem höheren Zustand der Existenz zu erheben, in Übereinstimmung mit dem Wissen und dem Geist der gebildetsten Köpfe der Gegenwart.*" Er hat eine Verfassung vorbereitet, kurz und prägnant, bestehend aus einundzwanzig Artikeln[155], so dass, wo auch immer eine Vereinigung entstehen mag, sie ohne Verzögerung in Betrieb gehen kann; und der Herausgeber informiert uns, dass "*Mitteilungen zum Thema dieses Buches an C.F. Stollmeyer, No. 6, Upper Charles Street, Northampton Square, London, gerichtet werden können.*"[156]

[59] Aber wir sehen zwei Hauptschwierigkeiten auf dem Weg: erstens, die erfolgreiche Anwendung der Kräfte durch Maschinen (wir haben sie noch nicht gesehen, die "*Mechanischen Systeme*") und zweitens, was unendlich schwieriger ist, Menschen dazu zu bringen, aus [reinem] Vertrauen [auf etwas] zu arbeiten[157]. Dies ist es, fürchten wir, was die zehn Jahre auf mindestens zehntausend verlängern wird.

---

[154] Im Original "*address*", was "*Vortrag*", oder "*Ansprache*" sein kann. Hier soll es wahrscheinlich vor allem die Zielrichtung ausdrücken: Seine Schrift ist an jemanden mit einer bestimmten Absicht gerichtet und deshalb wird sie als "*address*" bezeichnet. "*Vorschlag*" passt meines Erachtens besser in den Zusammenhang.

[155] Siehe "Etzlers Verfassung" auf Seite 95.

[156] C. F. Stollmeyer war ein enger Freund und Unterstützer von John A. Etzler. Er brachte 1841 die Fortsetzung, das "*Mechanical System*", heraus (Etzler 1841).

Es wird einer Kraft bedürfen, die mehr als *"80.000-mal größer ist, als alle Menschen auf Erden mit ihren Nerven bewirken könnten"*, um die Menschen zu überreden, das zu nutzen, was ihnen bereits angeboten wird. Noch eine größere als diese physische Kraft muss auf diese moralische Kraft einwirken. Vertrauen ist in der Tat die ganze Reform, die nötig ist; sie ist selbst eine Reform. Zweifelsohne sind wir ebenso langsam darin, uns das Paradies als den Himmel vorzustellen, [wie darin] uns eine vollkommen natürliche oder eine vollkommene geistige Welt vorzustellen. Wir sehen, wie vergangene Zeitalter vertrödelt und geirrt haben. *"Ist unsere Generation vielleicht frei von Irrationalität und Irrtum? Haben wir vielleicht jetzt den Gipfel der menschlichen Weisheit erreicht und brauchen nicht mehr nach geistiger oder körperlicher Verbesserung Ausschau zu halten?"*[158] Zweifellos sind wir nie so visionär, als dass wir auf das vorbereitet wären, was die nächste Stunde hervorbringen mag.

---

[157] Hier habe ich sehr frei übersetzt, im Original heißt es: "*the application of man to the work by faith.*" Wörtlich ist das etwa "*das Auftragen des Menschen auf die Arbeit aus Vertrauen*".

[158] Auch dies ist ein Zitat von Etzler aus seinem Buch.

[Luftschlösser]

[60] Μελλει το Θειον δ'εστι τοιουτον φυσει[159]

[61] Das Göttliche ist im Begriff zu sein, und so ist seine Natur[160]. In unseren klügsten Augenblicken scheiden wir eine Materie aus, die uns, wie der Kalk das Schalentier, ganz überkrustet, und es ist gut für uns, wenn wir, wie es, unsere Schalen von Zeit zu Zeit abwerfen, auch wenn sie perlenartig und von schönster Farbe sind[161]. Betrachten wir, unter welchen Nachteilen die Wissenschaft bisher gearbeitet hat, bevor wir so zuversichtlich über ihren Fortschritt urteilen.

[62] *"Es gab nie eine Systematik in den Produktionen der menschlichen Arbeit; sondern sie entstanden [immer so] und kamen in Mode, wie der Zufall die Menschen lenkte." "Nur wenige gelehrte Männer beschäftigen sich mit der Lehre der Naturphilo-*

---

[159] Henry David Thoreau zitiert hier aus *Orestes* von Euripides. Zeile 420. In einer englischen Übersetzung (Euripides 1938) heißt es in Zeile 420: *"Er wird [es] beizeiten [tun], dies ist die Natur der Götter"*.

[160] Dies ist die Übersetzung Henry David Thoreaus für das griechische Zitat.

[161] Schalen sind für Henry David Thoreau häufig ein Bild der Oberflächlichkeit. Um Mensch sein zu können, müssen wir deshalb unsere Schalen wegwerfen.
So nebenbei: Karl Marx, der sich durchaus auch als Transzendentalist zeigt, jedoch keine Verbindung zu Thoreau hatte, schreibt::
"Die Äußerlichkeit ist hier im Sinne der Entäußerung, eines Fehlers, eines Gebrechens, das nicht sein soll, zu nehmen. Denn das Wahre ist immer noch die Idee." (Marx und Guth 2017, 216)

sophie, der Chemie und den anderen Zweigen der Naturwissenschaften, [sie beschäftigen sich mit ihr] in einem sehr begrenzten Umfang, für sehr begrenzte Zwecke, mit sehr begrenzten Mitteln."
"Die Wissenschaft der Mechanik befindet sich noch in den Kinderschuhen. Es ist wahr, dass Verbesserungen auf Verbesserungen gemacht werden, angeregt durch Patente der Regierung; aber sie werden zufällig oder auf gut Glück gemacht. Es gibt keine allgemeine Systematik [in] dieser Wissenschaft, mathematisch wie sie ist, die ihre Prinzipien [die Prinzipien der Wissenschaft,] in ihrem vollen Umfang, oder[162] die die mögliche[163] Anwendung (zu der sie führen)[164] entwickelt. Wir haben [noch] keine Vorstellung davon, was wissenschaftlich dafür [bereits] erforscht ist und was im Vergleich dazu noch erforscht werden muss. Die alten Griechen stellten die Mathematik an die Spitze ihrer Bildung. Aber wir sind froh, unser Gedächtnis mit Vorstellungen gefüllt zu haben, ohne uns viel mit dem Nachdenken über sie zu befassen."

[63] Herr Etzler gehört nicht zu den aufgeklärten Praktikern, den Pionieren des Tatsächlichen, die sich mit dem langsamen, bedächtigen Schritt der Wissenschaft bewegen und die Welt bewahren; [er gehört nicht zu denen,] die die Träume des letzten Jahrhunderts ausführen, obwohl sie keine eigenen

---

[162] Im Original "*and*", doch im Deutschen sagen wir "*oder*".

[163] Eigentlich steht hier "*Umriss der Anwendung*", ich habe es etwas freier übersetzt.

[164] Klammern von mir zur besseren Lesbarkeit gesetzt.

Träume haben; dennoch handelt er mit dem sehr rohen, aber dennoch soliden Material aller Erfindungen. Er hat mehr vom Praktischen, als gewöhnlich zu einem so kühnen Ränkeschmied, einem so entschlossenen Träumer, gehört. Doch sein Erfolg liegt in der Theorie und nicht in der Praxis, und er nährt eher unseren Glauben als unseren Verstand. Sein Buch will Ordnung, Gelassenheit, Würde, alles, - und es scheitert nicht bei der Vermittlung dessen, was nur der Mensch dem Menschen vermitteln kann und von großer Bedeutung ist: seinen Glauben an etwas. Es ist wahr, seine Träume sind nicht aufregend und nicht hell genug, und er geht dahin, wo derjenige träumt, der kurz vor der Morgendämmerung zu träumen beginnt. Seine Luftschlösser fallen zu Boden, weil sie nicht hoch genug gebaut sind; sie sollten am Dach des Himmels befestigt werden. Schließlich berühren uns die Theorien und Spekulationen der Menschen mehr, als ihre mickrige Ausführung. Mit einer gewissen Kälte und Trägheit schlendern wir über das Eigentliche und sogenannte Praktische. Wie wenig halten uns die wunderbarsten Erfindungen der modernen Zeit auf. Sie beleidigen die Natur. Jede Maschine, jede besondere Anwendung scheint ein kleiner Frevel gegen die universellen Gesetze zu sein. Wie viele schöne Erfindungen gibt es, die nicht den Boden[165] zumüllen? Wir meinen, dass nur die gelingen, die

---

[165] Im Original steht tatsächlich "*ground*". Ob "*Boden*" im übertragenen Sinne gemeint ist oder ob hier tatsächlich der Boden (oder die Erde) gemeint ist, ist etwas unklar, weil es keinen Bezug gibt.

unseren sinnlichen und tierischen Bedürfnissen dienen, die backen oder brauen, waschen oder wärmen
oder dergleichen. Aber sind denn diejenigen ohne
Belang, die durch Fantasie und Einbildungskraft
patentiert sind und in unseren Träumen so vortrefflich gelingen, dass sie noch in unseren wachen
Gedanken den Ton angeben? Schon jetzt bietet die
Natur all jene Nutzungsmöglichkeiten an, welche
die Wissenschaft in einem viel höheren und groß-
artigeren Maßstab allmählich [aus den vorhandenen
Möglichkeiten] ableitet, für diejenigen, die dies nutzen wollen[166]. Wenn der Sonnenschein auf den Weg
des Dichters fällt, genießt er all jene reinen Vorteile
und Freuden, die die Künste langsam und Stück für
Stück von Zeitalter zu Zeitalter verwirklichen. Die
Winde, die seine Wange fächeln, wehen ihm die
Summe jenes Gewinns und Glücks zu, die ihre
nachhinkenden Erfindungen liefern.

[64] Der Hauptfehler dieses Buches ist, dass es nur
darauf abzielt, den größten Grad an grobem Komfort und Vergnügen zu sichern. Es malt einen
mohammedanischen Himmel[167] und hört mit merk-

---

[166] Im Original eigentlich "*that will be served by her*", also eher:
"*die von ihr (der Wissenschaft) bedient werden werden*". Dies
fand ich etwas seltsam und interpretierte es etwas freier, denn
die Nutzer werden bedient.

[167] In einer Anmerkung zu Thoreaus Essay schreibt *Hyde* zu die-
ser Stelle:
"*Der Himmel im Koran ist ein Ort mit Gärten, fließenden
Bächen und Likören, die berauschen, ohne zu berauschen.
Den Reinen werden schöne Jungfrauen (houri) als ihre
Gefährtinnen versprochen. Muslimische Theologen haben die
metaphorische und spirituelle Natur solcher Bilder betont,*

würdiger Schroffheit auf, wenn wir meinen, es
nähere sich dem Bereich des christlichen, - und wir
vertrauen darauf, dass wir hier keine Unterscheidung ohne Unterschied[168] gemacht haben. Zweifellos würden wir, wenn wir dieses äußere Leben
wirklich und gründlich reformieren würden, keine
Pflicht des Inneren ausgelassen finden. Es wäre eine
Beschäftigung für unsere ganze Natur; und was wir
danach tun sollten, wäre eine so eitle Frage, als
wenn man den Vogel fragte, was er tun wird, wenn
sein Nest gebaut und seine Brut aufgezogen ist.
Aber eine moralische Reform muss zuerst stattfin-
den, und dann wird die Notwendigkeit des anderen
verdrängt werden, und wir werden durch seine
Kraft allein segeln und pflügen. Es gibt einen

---

*aber Westler (Edward Gibbon zum Beispiel in seiner
Geschichte Roms) haben ihre Fleischlichkeit hervorgehoben,
so dass er zu Thoreaus Zeiten als ein Himmel des 'bloßen
Komforts und Vergnügens' bekannt war."* (Thoreau und Hyde
2002).

Cramer (Thoreau und Cramer 2013, 92) verweist auf Thomas
Carlyle (Carlyle und Gray 1906), doch schreibt Carlyle
selbst, dass über den mohammedanischen Himmel wenig
bekannt wäre:

*"Im Koran wird wirklich sehr wenig über die Freuden des
Paradieses gesagt; sie werden eher angedeutet als darauf
bestanden. Es wird auch nicht vergessen, dass auch dort die
höchsten Freuden spirituell sein werden; die reine Gegenwart des Höchsten, dies wird alle anderen Freuden unendlich
transzendieren."* (Carlyle und Gray 1906, 72)

[168] Eine Unterscheidung ohne Unterschied, eine *"distinction
without a difference"*, ist eine Art logischer Irrtum, bei welchem jemand versucht, eine Unterscheidung zwischen zwei
Dingen zu beschreiben, bei denen kein erkennbarer Unterschied besteht.

schnelleren Weg, als das "*Mechanische System*" zeigen kann, Sümpfe aufzufüllen, das Tosen der Wellen zu ertränken, Hyänen zu zähmen, eine angenehme Umgebung sicher zu stellen, das Land verschiedenartig zu gestalten und es mit "*Rinnsalen süßen Wassers*" zu erfrischen, und das ist durch die Kraft der Rechtschaffenheit und der richtigen Verhaltensweise. Es ist nur für eine kurze Weile, nur gelegentlich, denke ich, dass wir einen Garten wollen. Ein guter Mensch braucht sich nicht die Mühe zu machen, um einer Aussicht willen einen Hügel zu ebnen, oder um eines Paradieses willen Früchte und Blumen zu züchten und schwimmende Inseln zu errichten. Er genießt bessere Aussichten, als hinter jedem Hügel liegen. Wo ein Engel hinreist, ist das Paradies auf dem ganzen Weg, aber wo Satan hinreist, ist es brennender Mergel und Schlacke[169]. Was sagt Veeshnoo Sarma? "*Derjenige, dessen Geist ruhig ist, ist im Besitz aller Reichtümer. Ist es nicht das Gleiche für einen, ob sein Fuß in einem Schuh eingeschlossen ist, oder ob die ganze Oberfläche der Erde mit Leder bedeckt wäre?*"[170]

---

[169] In Miltons *Paradise lost* Erlebt Satan genau das. Er wird in die Hölle geschickt und diese wird beschreiben, als mit vulkanischer Schlacke bedeckt:
"*Geborstnen Aetna, dessen Eingeweide*
Brandträchtig und verbrennbar Feuer fängt,
Das, durch die Wuth der Lava noch erhöht,
Vereint dem Sturme, nur versengten Boden
Voll Qualm und Rauch zurückläßt. Solchen Ort
Der Ruh fand des verfluchten Fußes Sohle!" (Milton o. J.).

[170] Dies ist aus der *Hitopadescha* (Lakshmīnarayaṇa Ṣarman 1830, 109), einem indischen Text in Sanskrit, wahrscheinlich aus dem 12. Jahrhundert. Auch in "*Leben Ohne Prinzipien*",

[Die Kraft der Liebe]

[65] Wer mit den himmlischen Kräften vertraut ist, wird diese niederen Gottheiten des Windes, der Wellen, der Gezeiten und der Sonne nicht anbeten. Aber wir wollen die Bedeutung solcher Berechnungen, wie wir sie beschrieben haben, nicht herabsetzen. Sie sind Wahrheiten in der Physik, weil sie in der Ethik wahr sind. Niemand würde sich anmaßen die moralischen Kräfte zu berechnen. Nehmen wir an, wir könnten das Moralische mit dem Physikalischen vergleichen und sagen, wie viele Pferdestärken zum Beispiel die Kraft der Liebe, die auf jeden Quadratmeter der Seele eines Menschen bläst, ausmachen würde. Zweifellos sind wir uns dieser Kraft wohl bewusst; Zahlen würden unseren Respekt vor ihr nicht erhöhen; der Sonnenschein ist ihr ebenfalls gleich, doch nur ein Strahl ihrer[171] Hitze. Das Licht der Sonne ist nur der Schatten der Liebe. "*Die Seelen der Menschen, die Gott lieben und fürchten*", sagt Raleigh, "*erhalten Einfluss von jenem göttlichen Licht selbst, wovon die Klarheit der Sonne, und die der Sterne von Platon aber Schatten genannt werden. Lumen est umbra Dei, Deus est Lumen Luminis. Das Licht ist der Schatten der Helligkeit Gottes, der das Licht des Lichts ist*"[172], und, wir können hinzufügen, die Hitze der Hitze. Die

---

Absatz 14, findet sich ein Zitat aus der Hitopadescha (Thoreau, Emerson, und Schieferdecker 2021, 118).

[171] Hier war es schwierig zu übersetzen, weil nicht ganz klar ist, worauf sich "*ihrer*" (*its*) bezieht. Ich nehme an, das Wort bezieht sich auf die Liebe. Die Sonne ist wie die Liebe, doch nur ein Strahl, also ein Teil ihrer Hitze (*Heat*).

Liebe ist der Wind, die Flut, die Wellen, der Sonnenschein. Ihre Kraft ist unermesslich; sie hat viele Pferdestärken. Sie hört nie auf, sie lässt nie nach; sie kann den Erdball bewegen, ohne einen Ruheplatz zu haben; sie kann wärmen, ohne Feuer zu machen; sie kann ernähren, ohne zu essen; sie kann kleiden, ohne zu kleiden; sie kann schützen, ohne ein Dach zu haben; sie kann ein Paradies im Innern schaffen, das auf ein Paradies im Äußeren verzichtet. Aber obwohl die weisesten Männer in allen Zeitaltern daran gearbeitet haben, diese Kraft [als wissenschaftliche Erkenntnis] zu veröffentlichen[173], und jedes menschliche Herz früher oder später, mehr oder weniger, dazu gebracht wird, sie zu fühlen, wie wenig wird sie doch tatsächlich für soziale Zwecke eingesetzt! Es ist wahr, sie ist die treibende Kraft aller erfolgreichen sozialen Maschinen; aber wie wir in der Physik die Elemente nur dazu gebracht haben, ein wenig Plackerei für uns zu tun - Dampf an die Stelle von ein paar Pferden, Wind an

---

[172] Dieses Zitat ist aus "*The History Of The World*" von Sir Walter Raleigh (Raleigh 1829, 33). Henry David Thoreau war ein großer "Fan" von Sir Walter Raleigh und schrieb einen langen Essay über ihn und sein Werk (Thoreau o. J.), den er ursprünglich im *Dial*, der Zeitschrift von Ralph Waldo Emerson, für die er schrieb, veröffentlichen wollte, doch kam er nicht mehr dazu und so wurde der Text erst nach seinem Tode bekannt.

[173] Thoreau verwendet "*publish*". Man veröffentlicht etwas, wenn man Erkenntnisse darüber hat. Da schon viele Dichter Erkenntnisse über die Liebe veröffentlichten, nehme ich an, er meint wissenschaftliche Erkenntnisse, die veröffentlicht werden würden, wenn die Liebe wissenschaftlich, in Zahlen und Daten, greifbar wäre.

die Stelle von ein paar Rudern, Wasser an die Stelle von ein paar Kurbeln und Handmühlen [zu setzen] -, [genauso,] wie die mechanischen Kräfte noch nicht großzügig und weitgehend angewandt worden sind, um die physische Welt dem Ideal entsprechend zu gestalten, so ist [auch] die Kraft der Liebe bisher nur dürftig und sparsam angewendet worden. Sie hat nur solche Maschinen wie das Armenhaus, das Krankenhaus und die Bibelgesellschaft patentiert, während ihr unendlicher Wind immer noch weht und auch diese Strukturen von Zeit zu Zeit niederreißt. Noch weniger sammeln wir ihre Kraft an und bereiten uns darauf vor, zu einer zukünftigen Zeit mit größerer Energie zu handeln. Sollen wir dann nicht unseren Teil zu diesem Unternehmen beitragen?

Trete nun ein, und beginnet die Menschheit zu retten.[174]

John Milton, *Das Zurückgewonnene Paradies*
(Paradise Regained)

---

[174] Dies ist die viertletzte Zeile in *Paradise Regained* von John
Milton. Sie wurde von mir hinzugefügt und ist nicht im Original enthalten.
Die letzten drei Zeilen lauten in etwa (sehr frei übersetzt):
"Und so wurde der Sohn Gottes, unser sanftmütiger Retter,
[...] vom himmlischen Fest erfrischt, mit Freude auf den Weg
gebracht, heim zu seiner Mutters Haus."

ETZLERS VERFASSUNG[175]

(Autor: John Adolphus Etzler, Übersetzung und Fußnoten: Christina Schieferdecker)

1. Der Titel unserer Vereinigung lautet: „Verein zur Verbesserung der menschlichen Lebensumstände".

2. Zu unserem Verein wird jede Person zugelassen, die mindestens einen Dollar Anteil in unsere Staatskasse einzahlt.

3. Am Ende der Jahre kann sich jedes Mitglied [von der Vereinigung] trennen und seinen Anteil am Gesamtgut herausnehmen. Entweder in bar oder in Produktionsgütern der Einrichtungen des Vereins, [in der Art und Weise,] wie die Mehrheit es für richtig hält.

4. Jedes Mitglied hat am Ende eines jeden Jahres, endend mit dem _____ des _____, Anspruch auf seinen Anteil am Reingewinn des Betriebes, an dem es beteiligt ist.

5. Die Mehrheit der Gesellschaft entscheidet in allen Fällen, ohne jedoch eine bestehende Verpflichtung aufzuheben, wobei in diesen Fällen [, der Aufhebung einer Verpflichtung,] Einstimmigkeit erforderlich ist.

---

[175] Von mir hinzugefügt, nicht in Thoreaus Originaltext enthalten.

6. [Wenn] Mindestens zwei Drittel der Mitglieder in einer allen Mitgliedern zuvor ordnungsgemäß veröffentlichten Versammlung [anwesend sind, so] sind [sie] beschlussfähig und sind befugt, für den Verein zu handeln.

7. In jeder Versammlung sind Tag und Ort der nächsten zu bestimmen.

8. Die Gesellschaft hat einen Präsidenten, Vizepräsidenten, einen Sekretär, Vizesekretäre und einen Schatzmeister.

9. Der Präsident ist das Organ, über das alle Mitteilungen an und von der Gesellschaft erfolgen; in den Sitzungen hat er die Aufgabe, auf die angemessenen Anstandsregeln zu achten und kann bei Bedarf außerordentliche Sitzungen einberufen,

10. Der Vizepräsident muss bei Abwesenheit oder Verhinderung des Präsidenten an dessen Stelle treten.

11. Der Sekretär kontrolliert und protokolliert alle Transaktionen des Präsidenten.

12. Der stellvertretende Sekretär übt das Amt des Sekretärs bei Abwesenheit oder Unfähigkeit des Sekretärs aus.

13. Der Schatzmeister nimmt und zahlt das Geld auf Anordnung des Präsidenten und des Sekretärs gemeinsam; er unterliegt der beson-

deren Revision des Präsidenten und des Sekretärs gemeinsam, wann immer sie es für richtig halten: er hat Buch in der vorgeschriebenen Weise zu führen und der Gesellschaft Rechenschaft abzulegen, wann immer es verlangt wird; und er ist für die Staatskasse verantwortlich, für die er Sicherheit zu leisten hat.

14. Der Verein ist auf kein bestimmtes Land, keinen bestimmten Ort oder [auf] keine bestimmte Anzahl von Mitgliedern beschränkt und kann sich durch koordinierte Zweige, die in gleicher Weise gebildet werden, auf jeden Teil der Welt erstrecken; diese Zweige können durch aufeinanderfolgende Zahlen bezeichnet werden; und jeder Zweig kann wiederum in Teile zerlegt werden, von denen jeder in der gleichen Weise wie das Ganze zusammengesetzt ist. Alle Zweige sind durch Abgeordnete in einem zentralen Kongress des gesamten Vereins verbunden, und die Teile eines Zweigs ebenfalls durch Abgeordnete in Hauptversammlungen des Zweigs.

15. Alle Zweigstellen und Teile von Zweigstellen teilen gegenseitig alle ihre erhaltenen Informationen oder durchgeführten Experimente mit, wenn sie von allgemeinem Interesse sind.

16. Jede Zweigniederlassung und Teile von Zweigniederlassungen können getrennte, von allgemeineren Unternehmen unabhängige Niederlassungen gründen.

17. Jede Erfindung, Verbesserung oder Entdeckung berechtigt den Erfinder oder Entdecker oder seine Zessionare[176] oder Erben für die ersten zehn Jahre nach ihrer Anmeldung [der Erfindung] zu einem Zehntel, der sich daraus ergebenden Vorteile, [egal ob diese Vorteile] für den Verein oder für einzelne oder natürliche Personen des Vereins [entstehen], [und unabhängig von einer] getrennten oder gemeinsamen Nutzung der Erfindung mit anderen, [und unabhängig von weiteren] Verbesserungen [der Erfindung] oder Entdeckungen [die mit dieser Erfindung in Zusammenhang stehen]; und danach [hat er] weiterhin [das Recht auf] bis zu einem Zwanzigstel der daraus [, aus seiner Erfindung] resultierenden Vorteile im gleichen Umfang und Bedeutung wie bereits angegeben, oder bis zu einem Zwanzigstel des Vermögens, das in die Anwendung dieser Erfindung, Verbesserung oder Entdeckung investiert wurde.

18. Wenn eine solche Erfindung oder Verbesserung durch eine andere Person verbessert wird, verringert dies nicht den ursprünglichen Anteil des ersten Erfinders, wie zuvor festgelegt; aber

---

[176] Zessionare sind Menschen, denen man Rechte oder Anteile übertragen hat.

dem Erfinder der neuen Verbesserung steht in den ersten zehn Jahren ihrer Anwendung nur ein Zehntel und danach nur noch ein Zwanzigstel der Vorteile zu, die seine Verbesserung der Gesellschaft oder einem Teil oder einem Individuum oder einzelnen Personen über die Vorteile der ursprünglichen Erfindung hinaus bietet, und so fort mit jeder anderen, zweiten, dritten usw. Verbesserung gegenüber dem, was zuvor bekannt war.

19. Jedes Mitglied sowie jede Zweigniederlassung oder Zweigniederlassung des Vereins verpflichtet sich, die gleichen Bedingungen wie sie in den beiden vorstehenden Artikeln genannt wurden, anzuwenden, wenn es/sie in irgendeiner Weise von einer solchen Erfindung, Verbesserung oder Entdeckung Gebrauch machen.

20. Der Verein oder eine Zweigniederlassung oder ein Teil einer Zweigniederlassung kann eine Niederlassung nicht auflösen oder veräußern, bevor sie den Erfinder oder Entdecker nicht bestimmungsgemäß für seinen Anteil daran beteiligt hat.

21. Jedes Mitglied der Gesellschaft und jeder Zweig oder Teil eines Zweigs erhalten eine Kopie der Verfassung.[177]

---

[177] (Etzler 1833, 107–10)

ETZLER UND THOREAU

(Christina Schieferdecker)

Etzler

Wann genau John Adolphus Etzler geboren wurde, ist unklar. Glaubwürdigere Quellen sprechen von 1786[178], weniger glaubwürdige von 1781[179]. 1831 wanderte er in die USA aus und lebte bis 1833 in Ohio, dann zog es ihn nach Pittsburg. Dort erschien auch 1833 in einer Art "Selbstverlag" (Etzler und Reinhold) sein Buch *"The Paradise Within the Reach of All Men, Without Labor, by Powers of Nature and Machinery An Address to All Intelligent Men. In Two Parts"*[180]. Etzlers Ideen wurden daraufhin in vielen sozialistischen Zeitungen besprochen, vor allem in Europa und England. Doch fanden sie zunächst keine Anhänger. Dies änderte sich, als J. A. Etzler 1841 auf den Autor und Herausgeber C. F. Stollmeyer traf. Stollmeyer kam gleichfalls aus Deutschland, war Sozialist, Mitglied der *Fourier-Gesellschaft* und der *Pensylvania Anti-Slavery Society*. Stollmeyer hatte bereits 1840 ein Werk Albert Bisbanes veröffentlicht mit dem Titel *"Social destiny of man: or, Association and reorganization of industry."* (*"Soziales Schicksal des Menschen: oder, Vereinigung und Neuordnung der Indus-*

---

[178] (Claeys 1986)

[179] (Wikipedia 2021c)

[180] (Etzler 1833)

trie.")[181]. Er war von Etzlers Schrift sehr angetan und gründete eine Gesellschaft zur Finanzierung der darin enthaltenen Ideen. John Cleave, ein gleichfalls engagierter Sozialist und Herausgeber, veröffentlichte 1842, nachdem Stollmeyer für Etzler geworben hatte, Etzlers *Paradies* erneut in London[182]. Diese Ausgabe bespricht Henry David Thoreau im vorliegenden Buch.

1843 kam es zur Gründung der ersten Auswanderungsgesellschaft in Großbritannien, die ins Paradies ziehen und Etzlers Ideen leben wollte. 1844 wurden alle bis dahin gegründeten Gesellschaften unter dem Namen "*Tropical Emigration Society*" (TES) vereinigt. Obwohl Versuche des Baus von Etzlers Maschinen 1842 und 1843 scheiterten, hatte die Gesellschaft 1845 über 1500 Mitglieder, was zu etwa 7000 Ausreisewilligen führte (Mitglieder und ihre Familienangehörigen).

1846 sollten die ersten nach Venezuela auswandern, weitere Auswanderungen waren unter anderem nach Trinidad geplant. Doch nicht-funktionierende Maschinen, ein zu bekämpfender Dschungel und Krankheiten machten das Unternehmen zu einem Desaster. Viele der Auswanderer starben in den Dschungeln. Zum "Glück" waren noch nicht sehr viele in das neue "Paradies" ausgewandert, da wenig Geld zur Verfügung stand und man immer nur 30 bis 40 Menschen mit einem Schiff in die neuen Kolonien reisen lassen konnte. Die genaue

---

[181] (Brisbane 1840)

[182] (Etzler 1842)

Todes- oder Auswandererzahl ist unbekannt, doch es dürften nur wenig mehr als 100 Menschen ausgewandert sein, bis das Unternehmen 1847 aus Geldmangel aufgegeben wurde.

Die letzte bekannte Nachricht von John Adolphus Etzler stammt vom Juli 1846: ein Brief aus Venezuela an einen Freund, in dem er nochmals von seinen Hoffnungen auf eine bessere Zukunft schrieb. Was anschließend mit Etzler geschah, ist nicht bekannt[183].

Frühsozialisten, Thoreau und Emerson

Karl Marx schrieb zusammen mit Friedlich Engels das *Manifest der Kommunistischen Partei* erst 1848. John Adolphus Etzler gehörte zu den so genannten Frühsozialisten, weil er vor 1848 bereits als Sozialist aktiv war. Die berühmtesten Vertreter des Frühsozialismus sind Charles Fourier aus Frankreich und Robert Owen aus England. Auch diese beiden gründeten Auswanderungsgesellschaften und wollten eine bessere Welt errichten. Doch auch sie waren darin nicht sehr erfolgreich. Ihre Ideen beeinflussten vor allem kleinere Projekte in den USA, weil die USA zur Zeit Henry David Thoreaus noch das "Land der unbegrenzten Möglichkeiten" war, mit geringen Einschränkungen für neue Siedler.

Charles Fourier, auf den sich Thoreau zu Beginn seiner Buchbesprechung bezieht, veröffentlichte 1829 ein Werk, dessen Titel doch sehr an Etzlers

---

[183] (The "Stack of the Artist of Kouroo" Project 2014)

Paradies erinnert: *"Die neue industrielle und sozie-täre Welt, oder die Erfindung eines anziehenden und natürlichen Industrieverfahrens, das die Arbeit in leidenschaftliche Serien aufteilt"*[184] (C. Fourier 1829). 1843 gründete Albert Brisbane zusammen mit anderen Sozialisten und Anhängern der Ideen Charles Fouriers in New Jersey, eine Fourier-Gemeinschaft, die sogenannte *North American Phalanx.* Dies waren Kommunen, die versuchten die Ideen von Charles Fourier zu leben. Bis 1850 wurden in der USA mindestens vierzig so genannte Phalanxen in Amerika gegründet, die bekannteste war *Brook Farm* in West Roxbury in Massachusetts, die bereits 1841 gegründet wurde und bis 1847 bestannt.

Emerson besuchte *Brook Farm* 1843[185]. Wahr-scheinlich war diese auch Henry David Thoreau bekannt. Sozialisten waren, wie er, Gegner der Sklaverei. Leider ist mir nicht bekannt, wie Henry David Thoeau oder sein Freund Ralph Waldo Emer-son zu diesen *Phalanxen* oder Sozialisten im Allge-meinen standen. Ralph Waldo Emerson kannte zumindest den oben erwähnten Albert Brisbane und schrieb an Thoreau im Februar 1843 (genauer Tag unbekannt):

"Mein lieber Henry,
Ich habe noch keine neuen Menschen in New York gesehen (außer dem jungen Tappan[186]), son-dern nur einige meiner alten Freunde vom letzten

---

[184] (C. Fourier 1829)

[185] (Ralph Waldo Emerson 1939, 552)

Jahr getroffen. Mr. [Albert] Brisbane hat mir soeben eineinhalb treue Stunden von dem verabreicht, was er seine Prinzipien nennt; und er beschämt wahrhaftigere Männer durch seine Treue und seinen Eifer. Schon beginnt er, den Widerhall seiner eigenen Stimme aus den meisten Staaten der Union zu hören. Er ist sich sicher, dass W. H. Channing[187] ein guter Fourierist ist.

---

[186] Hier ist William Aspinal Tappan gemeint (Ralph Waldo Emerson 1939, 553), der Sohn von Lewis Tappan , dem Abolitionistenführer aus New York. Caroline Tappan, die Frau von William Aspinal Tappan, war eine Unterstzützerin des *Dial* und eng befreundet mit Henry D. Thoreau, Ralph W. Emerson und (William) Ellery Channing. Außerdem waren die Tappans verwandt mit den Brooks, den Besitzern der *Brook Farm* (Lenox Historical Society 2016).

[187] William Henry Channing war ein Transzendentalist und Mitglied des *Transcendental Club*. Er war ein produktiver Autor, der auch im *Dial*, der Zeitschrift von Ralph Waldo Emerson, Texte veröffentlichte. Er kannte Henry David Thoreau und Ralph Waldo Emerson und war mit Emerson eng befreundet. William Henry Channing interessierte sich sehr für die Ideen von Charles Fourier und anderen zur sozialen Neuordnung. Er wurde 1810 in Boston geboren, jedoch zog er viel umher. Er war sowohl Prediger als auch Redakteur und eine wichtige Figur im christlichen Sozialismus. 1848 war er Präsident der *Religious Union of Associationists* in Boston, einer sozialistischen Gruppe, der viele Mitglieder der *Brook Farm* angehorten. Auch war er ein aktiver Unterstützer der Frauenrechtsbewegung und nahm 1850 an der ersten *Nationalen Frauenrechtskonvention* teil. Er beeinflusste die Frauenrechtsbewegung nachhaltig und machte vielen Mut, sich für ihre Rechte einzusetzen. Zwischen 1854 und 1857 war Channing Pfarrer in Liverpool, England. Zu Beginn des amerikanischen Bürgerkriegs kehrte er 1862 zurück und übernahm die Leitung der Unitarischen Kirche in Washington, D. C.
"Mit kleinen Mitteln Inhalte leben; eher nach Eleganz als

Ich lache ungläubig, während er rezitiert (denn es scheint immer, als würde er Absätze aus dem Buch seines Meisters wiederholen), [...] Aber es hat seinen Kern der gesunden Wahrheit [...]"[188]

Und wenige Tage später, am 12. Februar 1843, schrieb er zusätzlich:

"Mein lieber Henry,
Es tut mir leid, dass ich an diesem Sonntagabend kein anderes Papier als dieses unansehnliche Blatt habe, um Dir eine Nachricht zu schreiben, die, wie ich sehe, nicht warten darf. Der Dial für April, aus welchen Elementen soll er bestehen? Was hast du für mich? [...] Haben die Bemerkungen über Etzler Gestalt angenommen?"[189]

Henry David Thoreau antwortete am 15. Februar:

"Was Etzler betrifft, [...] hier ist das Buch noch, und ich werde es versuchen."[190]

Warum es nicht dazu kam, dass Henry David Thoreaus Schrift über Etzlers Buch im *Dial* veröffentlicht wurde, weiß ich nicht. Als er die Zeilen vom

---

nach Luxus und [...] der Mode suchen; würdig, nicht [...] wohlhabend, nicht reich zu sein; Sternen und Vögeln, Babys und Weisen mit offenem Herzen zuzuhören; hart lernen; ruhig denken, offen handeln, sanft reden, Gelegenheiten abwarten, sich nie beeilen; mit einem Wort, das Geistige, Ungebetene und Unbewusste durch das Gemeinsame erwachsen zu lassen – das ist meine Symphonie." (Wikipedia 2021b; Frothingham 1886)

[188] (Ralp Waldo Emerson o. J., 4)

[189] (Ralp Waldo Emerson o. J., 5)

[190] (Ralp Waldo Emerson o. J., 6)

15. Februar schrieb, befand er sich in New York, wo er John Louis O'Sullivan, den Herausgeber von *The United States Magazine and Democratic Review*, kennen lernte, der dann *Paradise (to be) regained* in seiner Zeitschrift veröffentlichte.

LITERATURANGABEN

bibeltext.com. 2020. „Bibel Online". bibeltext.com. 2020. https://www.bibeltext.com/.

Brisbane, Albert. 1840. *Social Destiny of Man*. C.F. Stollmeyer. http://archive.org/details/socialdestinyofm00brisiala.

Browne, Sir Thomas. 1869. „Letter to a Friend." Herausgegeben von J. B. Willis Bund. https://extra.shu.ac.uk/emls/iemls/resour/mirrors/rbearold/browne/letter.html.

Browne, Sir Thomas, J. B. Willis Bund, und Judy Boss. 1869. *NOTES TO THE RELIGIO MEDICI*. NEW YORK: SCRIB-NER, WELFORD, AND CO. https://extra.shu.ac.uk/emls/iemls/resour/mirrors/rbearold/browne/notes.html#f16.

Carlyle, Thomas, und Henry David Gray. 1906. *Thomas Carlyle's On Heroes, Hero-Worship, and the Heroic in History;* New York, London: Longmans, Green, and Co. http://archive.org/details/thomascarlyleson00carl.

Claeys, Gregory. 1986. „John Adolphus Etzler, Technological Utopianism, and British Socialism: The Tropical Emigration Society's Venezuelan Mission and Its Social Context, 1833-1848". *The English Historical Review* 101 (399): 351–75.

Columella, Lucius Iunius Moderatus, und Michl Herr. 1538. *Das Ackerwerck Lucii Columellae und Palladii*. Straßburg. https://www.digitale-sammlungen.de/de/view/bsb10140640?page=7.

Columella, Lucius Iunius Moderatus, und V. Lundström. o. J. „De Re Rustica - Wikisource". Zugegriffen 23. Mai 2021. https://la.wikisource.org/wiki/De_Re_Rustica.

Dictionary of North Carolina Biography, William S. Powell, H. Thomas Jr. Kearney, und University of North Carolina Press. 1986. „Dobbin, James Cochran | NCpedia". *NCPedia* (blog). 1986. https://www.ncpedia.org/biography/dobbin-james-cochran.

Emerson, Ralp Waldo. o. J. „Emerson-Thoreau Letters I-VI (The Dial Period)". thoreau online. Zugegriffen 14. Juli 2021. http://www.thoreau-online.org/emerson-thoreau-i-vi-the-dial-period-page5.html.

Emerson, Ralph Waldo. 1842. „The Transcendentalist". https:// emersoncentral.com/texts/nature-addresses-lectures/lectures/the-transcendentalist/.

———. 1939. *The Letters of Ralph Waldo Emerson*. New York: Columbia University Press. https://books.google.de/books? id=smNpe8ZSedwC&pg=PA553&lpg=PA553&dq=waldo+e merson+tappan+new+york&source=bl&ots=QjOO7FibLg& sig=ACfU3U2bSZmF1YyqGDSknQg6qUf6MjdFWA&hl=d e&sa=X&ved=2ahUKEwjtlKyh3uTxAhWBLOwKHZ8d-CfMQ6AEwEnoECBUQAw#v=onepage&q=waldo %20emerson%20tappan%20new%20york&f=false.

Etzler, John Adolphus. 1833. *The Paradise Within the Reach of All Men, Without Labor, by Powers of Nature and Machinery An Address to All Intelligent Men. In Two Parts*. Pittsburg: Etzler and Reinhold. http://archive.org/details/bub_gb_FHUSAAAAIAAJ.

———. 1841. *The New World or Mechanical System*. Philadelphia: C. F. Stollmeyer. http://archive.org/details/newworld00etzl.

———. 1842. *The Paradise within the Reach of All Men,without Labor, by Powers of Nature and Machinery*. 2d English edition. London: J. Cleave. http://hdl.handle.net/2027/uiug.30112075855574.

———. 1844. *Das Paradies für Jedermann erreichbar, lediglich durch Kräfte der Natur und der einfachsten Maschinen ... Nach der zweiten englischen Ausgabe*. Ulm: Heerbrandt & Thümel. http://hdl.handle.net/2027/mdp.39015070875102.

Euripides. 1938. *Euripides. The Complete Greek Drama*. Herausgegeben von Whitney J. Oates und Eugene Jr. O'Neill. Übersetzt von E. P. Coleridge. Bd. 2. Random House. http://www.perseus.tufts.edu/hopper/text?doc=Perseus %3Atext%3A1999.01.0116%3Acard%3D385.

Fourier, Charles. 1829. *Le nouveau monde industriel et sociétaire: ou Invention du procédé d'industrie attrayante et naturelle distribuée en séries passionnées*. Paris: Bossange père [etc.].

Fourier, Jean Baptiste Joseph. 1822. *Théorie analytique de la chaleur*. Chez Firmin Didot, père et fils ... http://archive.org/details/thorieanalytiqu00fourgoog.

Frothingham, Octavius Brooks. 1886. *Memoir of William Henry Channing*. Boston : Houghton, Mifflin and Company. http://archive.org/details/memoirwilliamhe00frotgoog.

Galvani, Luigi, Alessandro Volta, J. Zambelli, und donor DSI Burndy Library. 1791. *Aloysii Galvani De viribus electricitatis in motu musculari commentarius*. Bononiae : Ex Typographia Instituti Scientiarium. http://archive.org/details/AloysiiGalvaniD00Galv.

„"George Fox" | USC Digital Folklore Archives". o. J. Zugegriffen 26. Mai 2021. http://folklore.usc.edu/george-fox/.

Golgi, Camillo und Royal College of Physicians of Edinburgh. 1886. *Sulla fina anatomia degli organi centrali del sistema nervoso*. Milano : U. Hoepli. http://archive.org/details/b21978724.

Herrmann, Helmut, und Herbert Bucksch, Hrsg. 2014. „Primary Formation". In *Dictionary Geotechnical Engineering/Wörterbuch GeoTechnik: English-German/Englisch-Deutsch*, 1044–1044. Berlin, Heidelberg: Springer. https://doi.org/10.1007/978-3-642-41714-6_163798.

Hippokrates, und Charles Darwin Addams. o. J. „Hippocrates, Aphorismi, SECTION I, Part 1". Library. Perseus Digital Library. Zugegriffen 6. Januar 2021. http://www.perseus.tufts.edu/hopper/text?doc=Perseus%3atext%3a1999.01.0248%3atext%3dAph.

Irving, Washington. 1885. *The Life and Voyages of Christopher Columbus*. Chicago, Belford, Clarke. http://archive.org/details/cu31924020414409.

James, Thomas. 1852. *The Honey Bee*. London: J. Murray. http://archive.org/details/honeybee00jame.

John Murray Publishers, Hrsg. 1842. *The Quarterly Review December 1842-March 1843: Vol 71 Iss 141-142*. London: John Murray Publishers, Wittiam Crowes and Sons. http://archive.org/details/sim_quarterly-review-1809_december-1842-march-1843_71_141-142.

Lakshmīnarayaṇa Ṣarman. 1830. *The Hitopadesha: A Collection of Fables and Tales in Sanskrit by Vishnusarmá*. Printed at the Shástra Prakásha press. http://archive.org/details/hitopadeshaacol00agoog.

Lenox Historical Society. 2016. „People and Places | Lenox History | Page 2". *Lenox History* (blog). 10. Februar 2016. https://lenoxhistory.org/category/lenoxhistorypeopleandplaces/page/2/.

Marx, Karl, und Karl-Maria Guth. 2017. *Ökonomisch-philosophische Manuskripte aus dem Jahre 1844*. https://nbn-resolving.org/urn:nbn:de:101:1-201706294314.

Milton, John. 1817. *Paradise Regained*. London : Printed for F. C. and J. Rivington, J. Nichols and son [etc.]. http://archive.org/details/paradiseregained00miltiala.

———. 1992. *Paradise Lost*. Herausgegeben von Gutenberg.org. 2. Aufl. Gutenberg. https://www.gutenberg.org/ebokks/20.

———. o. J. *Das verlorene Paradies*. Herausgegeben von Zeno. Übersetzt von Adolf Böttger. Leipzig. Zugegriffen 3. Juni 2021. http://www.zeno.org/Literatur/M/Milton,+John/Epos/Das+verlorene+Paradies.

Moser, Karin. 2021. „Die Berge der griechischen Götter – Polylogzentrum". *Polylog - Polylogzentrum für Kunst, Kultur, Wissenschaft und Gesellschaft* (blog). 2021. https://www.polylogzentrum.at/weltprojekt-der-berge/dokumentation/anschauungen-der-berge/die-berge-der-griechischen-goetter/.

New World Encyclopedia contributors. 2019. „Philosophy of Common Sense". Encyclopedia. New World Encyclopedia. 25. März 2019. https://www.newworldencyclopedia.org/entry/Philosophy_of_Common_Sense.

Raleigh, Sir Walter. 1829. *The Works of Sir Walter Ralegh, Kt: Now First Collected : To Which Are Prefixed The Lives of the Author, by Oldys and Birch*. Burt Franklin.

Shakespeare, William. 2016. „Act 5, Scene 1". MyShakespeare. 1. August 2016. https://myshakespeare.com/julius-caesar/ act-5-scene-1.

Shakespeare, William, August Wilhelm Schlegel, und Zeno. o. J. „Literatur im Volltext: William Shakespeare: Sämtliche Werke in vier Bänden. Band 4, Berlin: ..." Zugegriffen 22. Mai 2021. http://www.zeno.org/Literatur/M/Shakespeare, +William/Trag%C3%B6dien/Julius+C%C3%A4sar/F %C3%BCnfter+Aufzug/Erste+Szene.

Spence, Robert. 19. Jhd. *George Fox and the Leather Breeches - Robert Spence*. Etching. https://art.famsf.org/robert-spence/ george-fox-and-leather-breeches-195719928.

———. o. J. *George Fox Shows His Leather Breeches at Hellett - YCBA Collections Search*. Etching and drypoint on moderately thick, slightly textured, beige wove paper. Zugegriffen 26. Mai 2021. https://collections.britishart.yale.edu/catalog/ tms:61996.

The Sovereign Grand Lodge Independent Order of Odd Fellows. 2018. „History of American Odd Fellowship". *Independent Order of Odd Fellows* (blog). 6. Januar 2018. https://odd-fel-lows.org/history/wildeys-odd-fellowship/.

The "Stack of the Artist of Kouroo" Project. 2014. „John Adolphus Etzler, Artist Of Hope". www.kouroo.info/kouroo/ thumbnails/E/JohnAdolphusEtzler.pdf.

Thoreau, Henry David. o. J. „Sir Walter Raleigh". Zugegriffen 3. Juni 2021. https://sniggle.net/TPL/index5.php? entry=raleigh.

Thoreau, Henry David, William Ellery Channing, Ralph Waldo Emerson, und Sophia E. Thoreau. 1866. *A Yankee in Canada, with Anti-Slavery and Reform Papers*. Boston, Mass.: Ticknor and Fields. http://archive.org/details/yanke-eincanada00thorrich.

Thoreau, Henry David, und Jeffrey S. Cramer. 2013. *Essays: a fully annotated edition*. New Haven: Yale University Press.

Thoreau, Henry David, Ralph Waldo Emerson, und Christina Schieferdecker. 2021. *Mensch sein, statt Untertan*. Norderstedt: Bod. https://nbn-resolving.org/urn:nbn:de:101:1-2021033101085791537005.

Thoreau, Henry David, und Lewis Hyde. 2002. *The Essays of Henry D. Thoreau*. 1. ed. New York: North Point Press.

Thoreau, Henry David, und Christina Schieferdecker. 2021. *Die Reform und der Reformer*. Reinbek: BoD.

Wikipedia. 2020. „Independent Order of Odd Fellows". In *Wikipedia*. https://de.wikipedia.org/w/index.php?title=Independent_Order_of_Odd_Fellows&oldid=205340634.

———. 2021a. „Humorism". In *Wikipedia*. Wikipedia. https://en.wikipedia.org/w/index.php?title=Humorism&oldid=1025221716.

———. 2021b. „William Henry Channing". In *Wikipedia*. https://en.wikipedia.org/w/index.php?title=William_Henry_Channing&oldid=1029132412.

———. 2021c. „John Adolphus Etzler". In *Wikipedia*. https://en.wikipedia.org/w/index.php?title=John_Adolphus_Etzler&oldid=1033244339.

WEITERE VERÖFFENTLICHUNGEN

Sammelbände

Henry David Thoreau:
Mensch sein, statt Untertan

Thoreau, H.D., Emerson, R.W., Schieferdecker C.: Mensch sein, statt Untertan. Norderstedt (BoD), 2021, 260 Seiten

Das Buch enthält die folgenden Schriften, neu übersetzt und mit zahlreichen Anmerkungen zur Übersetzung, geschichtlichen Hintergründen und Bedeutungen der Texte versehen:

* *Über die Pflicht zum Ungehorsam gegen den Staat*
* *Leben ohne Prinzipien*
* *Sklaverei in Massachusetts*
* *Unabhängigkeit (Gedicht)*

So wie die drei Essays und das Gedicht im Original:

* *On the Duty of civil Disobedience*
* *Life without Principles*
* *Slavery in Massachusetts*
* *Independence (Gedicht)*

Außerdem:

* *Ralph Waldo Emerson über Henry David Thoreau (Biographical Sketch)*
* *Thoreau und seine Zeit (geschichtlicher Überblick)*

115

Die Essays als Einzelausgaben:

Folgende Essays von Henry David Thoreau gibt es bislang auch als Einzelausgaben. Alle wurden *neu übersetzt* und *mit zahlreichen Anmerkungen* zur Übersetzung, geschichtlichen Hintergründen und Bedeutungen der Texte versehen.

Henry David Thoreau:
Über die Pflicht zum Ungehorsam gegen den Staat

Thoreau, H.D., Schieferdecker C.: Über die Pflicht zum Ungehorsam gegen den Staat. Norderstedt (BoD), 2021, 88 Seiten

Henry David Thoreau:
Leben ohne Prinzipien

Thoreau, H.D., Schieferdecker C.: Leben ohne Prinzipien. *Norderstedt (BoD), 2021, 90 Seiten*

Henry David Thoreau:
Unterwürfigkeit oder: Sklaverei in Massachusetts

Thoreau, H.D., Schieferdecker C.: Unterwürfigkeit oder: Sklaverei in Massachusetts. *Norderstedt (BoD), 2021, 76 Seiten*

Dieses Buch enthält eine Neuübersetzung von "*Slavery in Massachusetts*" *(Sklaverei in Massachusetts)*, sowie zusätzlich einen geschichtlichen Überblick über die Entwicklung der Sklavereigesetze.

116

In Vorbereitung

Henry David Thoreau:
Die Reform und Die Reformer

Das Büchlein wird "*Reform and the Reformer*" und weitere Texte beinhalten.

Thoreau, H.D., Schieferdecker C.: Reform and the Reformer. *Norderstedt (BoD), 2021, 90 Seiten*

Henry David Thoreau:
Walking

Wahrscheinlich wird der Titel des Buches noch etwas um eine deutsche Übersetzung erweitert.

Thoreau, H.D., Schieferdecker C.: Walking. *Norderstedt (BoD), 2021, 90 Seiten*

In Vorbereitung

In Vorbereitung

In Vorbereitung